U0525338

记
/M/A/R/K/
号

真知 卓思 洞见

诛吕

『诸吕之乱』的真相与吕太后时期的权力结构

郭茵 著
陆帅 赵壮 译

北京科学技术出版社

Original Japanese edition published by Kyushu University Press

This Simplified Chinese language edition is published by arrangement with Kyushu University Press, Fukuoka in care of Tuttle-Mori Agency, Inc., Tokyo through Pace Agency Ltd., Jiangsu Province.

著作权合同登记号　图字：01-2023-5716

图书在版编目（CIP）数据

诛吕：“诸吕之乱”的真相与吕太后时期的权力结构 / 郭茵著；陆帅，赵壮译. -- 北京：北京科学技术出版社，2024. -- ISBN 978-7-5714-4033-6

Ⅰ. K234.109

中国国家版本馆 CIP 数据核字第 20245329DD 号

选题策划：记　号	邮政编码：100035
策划编辑：闻　静	电　　话：0086-10-66135495（总编室）
责任编辑：闻　静　武环静	0086-10-66113227（发行部）
责任校对：赵艳宏	网　　址：www.bkydw.cn
封面设计：今亮后聲 · 小九	印　　刷：北京顶佳世纪印刷有限公司
图文制作：刘永坤	开　　本：710 mm × 1000 mm　1/16
责任印制：吕　越	字　　数：182 千字
出 版 人：曾庆宇	印　　张：16.25
出版发行：北京科学技术出版社	版　　次：2024 年 10 月第 1 版
社　　址：北京西直门南大街 16 号	印　　次：2024 年 10 月第 1 次印刷

ISBN 978-7-5714-4033-6

定　　价：89.00 元

专家推荐

首次实现统一的高度集权的帝制国家秦王朝，在第一代和第二代权力接递时出现了严重危机。继承秦制的汉王朝重演了这一历史活剧。吕太后之死致变，“周勃以北军安刘氏”，政局演换表象的背后，有多种文化元素深层次的作用。《诛吕》一书试图解读历史，探求真相，给读者以新知，是值得赞赏的。有关“吕太后其人”的分析，也可以对认识这位强势女性的复杂内心及其“擅权专制”的历史影响以启示。

——王子今

中国秦汉史研究会顾问、中国人民大学国学院教授

吕太后执政的15年是西汉前期从高祖开国再到文景之治的关键时期。长期以来，在“西汉前期史”的整体视野下，对吕太后其人其事的研究多少还存在一些不足。除了皇后和皇太后身份，吕太后执政的权力基础来自何处？她是刘氏王朝的维护者还是背叛者？“诸吕之乱”的真相究竟如何？本书试图通过剖析这些问题，向我们清晰展现吕太后时代的丰富细节与历史意义。

——晋文

南京师范大学历史学系教授、中国秦汉史研究会副会长

本书聚焦西汉初年吕太后执政前后的权力关系变迁，观点独树一帜，精彩纷呈。作者认为，吕太后的地位不仅来自正妻身份，也来自家族成员的实力和功勋；指出刘邦用人并非以军功为先，而是选贤任能、抑制武将，进而质疑刘邦关于相国人选的遗言是否真实存在；揭示所谓“诸吕之乱”实际上是齐王兄弟为抢夺帝位而发动的，并将因权力遭吕氏一族侵蚀而不满的功臣裹挟其中。本书细密的叙事，为想要深入了解汉初政治史的读者提供了绝佳入口。我们将与作者一起重温汉朝从创建到巩固的曲折历程，在鲜为人知之处探索、思辨，真切感受什么是惊心动魄。

——陈侃理

北京大学历史学系暨中国古代史研究中心长聘副教授、研究员

《诛吕》是第一部系统研究西汉吕太后时期政治的学术专著。作者不仅在南北军、军功爵等制度史层面多有新说，而且在吕泽的军事政治作用、曹窋与汉初政治、少帝刘弘的皇帝身份与权力地位、文帝政治的发生背景、“诸吕之乱”与“诛吕之乱”等政治史层面创见迭出。篇末“吕太后是与刘邦一同创造了皇帝统治形式的历史人物”的收束总结，更可谓意味深长。

——孙闻博

中国人民大学国学院教授

推荐序

郭茵写作本书的过程，在“后记”中已有详细的介绍，这里不再重复。大约在同一时期，我也致力于通过揭示项羽和刘邦合作与斗争过程的全貌来阐明秦汉帝国的历史意义。在这个过程中，我深感结合当时的历史背景精读中国正史的重要性，因此，在本科生的讨论课上开始精读《史记》的“本纪”和“列传”。郭茵作为博士课程的学生，当时并没有参加本科生的讨论课，但是，因为研究的历史时期和内容有一定的重叠，我们时常一起讨论、相互启发。郭茵的著作揭示了汉初刘氏与吕氏之间合作与冲突的全貌。

在拙著《刘邦》[①]一书中，我对刘邦立刘盈为太子的一系列运作的理解，是从郭茵那里学到的。

汉二年（前 205 年）四月，在彭城大战中惨败的刘邦，本想和

---

① 佐竹靖彦：《劉邦》（《刘邦》，北京联合出版公司，2020 年），中央公论新社，2005 年。

在沛县的父母妻儿会合，不料父母和妻子吕氏已被项羽军俘虏，仅偶然遇见了失散的儿子刘盈和女儿鲁元公主。《史记》卷九十五《夏侯婴列传》中有对这一时刻的描述："见孝惠、鲁元，载之。汉王急，马罢，虏在后，常蹶两儿欲弃之，婴常收，竟载之，徐行面雍树乃驰。汉王怒，行欲斩婴者十余，卒得脱，而致孝惠、鲁元于丰。"刘邦的这种冷血行为实在是令人难以置信，同时也可以看出刘邦当时是多么狼狈，为了逃命连儿女都不要了。然而，两个月后的六月，刘邦却突然要在妻子吕氏缺席的情况下立刘盈为太子。

对刘邦这一不可思议的举动，郭茵做了如下解释：战败的刘邦之所以能够重振旗鼓，是因为得到了和刘邦分别行动、保存了雄厚实力的内兄周吕侯（吕泽）的支持。维持刘邦和周吕侯关系的妻子吕氏成了项羽的人质，生死未卜，在这样的情况下，周吕侯随时可能抛弃刘邦。为了让以周吕侯为首的吕氏一族继续支持自己，刘邦不得不将刘盈立为太子。

彭城大战后，刘邦死里逃生，投奔周吕侯，这才有了后来的东山再起。吕后的仲兄吕释之在刘邦入汉后回到丰邑，保护刘太公和吕太公。由此可知，吕氏一族在西汉建立的过程中立下了汗马功劳。

接着，郭茵通过详细分析《史记》卷十八《高祖功臣侯者年表》，证明在楚汉战争时期，刘邦集团中至少有 5 个军团，分别是刘邦军团、韩信军团、吕泽军团、刘贾军团和雍齿军团。吕泽军团是仅次于韩信军团的大军团。正因如此，刘邦为了争取以吕泽为中心的吕氏一族的支持，决定立刘盈为太子。以同样的理由，郭茵推断吕后被立为王后也是在这个时候。然而，刘邦最爱的是小儿子如意，立刘盈为太子时，如意已经 3 岁。《史记》卷九《吕太后本纪》中记载："如意立为赵王后，几代太子者数矣。"郭茵认为，如意被立为赵王是在汉九年（前 198 年）。一年前，吕泽去世，刘邦最大的忌惮消失了。因此，刘邦在吕泽死后的第二年就立如意为赵王，进而又多次要废刘盈，立如意为太子。从这里可以看到，西汉初期，吕氏一族位于刘邦政权的中枢，在左右政权走向上极具影响力。

郭茵关于"西汉初期吕氏一族极其重要"的说法是一个很有说服力的假说。《史记》卷十八《高祖功臣侯者年表》中关于建成侯吕释之，有以下记载："以吕后兄初起以客从，击三秦。汉王入汉，而释之还丰沛，奉卫吕宣王、太上皇。天下已平，封释之为建成侯。"这个吕宣王就是吕太公。

吕太公也有可能是死后谥号为宣王，但无论如何，吕氏一族已经得到了皇家待遇。著名的"非刘氏而王，天下共击之"的白马之盟，一直被认为是在汉十二年（前 195 年）订立的，这一年也是吴芮之子、长沙王吴臣在位的第七年。这时依然有外姓王存在。因此，白马之盟的存在令人怀疑，而吕太公顺利获得宣王谥号这一事实更令人怀疑白马之盟是否存在。然而，《史记》卷九《吕太后本纪》的吕太后元年（前 187 年）中有"太后称制，议欲立诸吕为王""乃追尊郦侯父为悼武王，欲以王诸吕为渐"的记载。根据这一记载，如果有一个祖先死后被追封为王，就说明其子孙也有资格做王，正因如此，吕后想把周吕侯的谥号改为悼武王。而根据《高祖功臣侯者年表》可知，汉初吕太公已被封为吕宣王，地位和太上皇并列。

与上述问题相关的是，自彭城之战以来就脱离刘邦集团的吕后，回归后在西汉的建立过程中与萧何联手，或者说带领萧何，开始在国务中发挥重要的作用。这一点应该成为今后研究中全面考察的课题。彭越和韩信轻易落入吕后设下的圈套，应该与吕后当时的威望有关。

郭茵的另一个贡献是，她以确凿的证据阐明了所谓“军功爵”的真实关系。

研究汉代军功爵特征的著名学者李开元引用陆贾批评刘邦的名言，即“居马上得之，宁可以马上治之乎”，认为“这段对话，构成了中国政治史上一对最为有名的重大命题，即所谓马上取天下和诗书治天下，也就是贯通二千年中华帝国时代的所谓文武之道的问题”[①]。按照李开元的解释，马背上得天下的意义，首先是“政治军事集团通过战争建立政权”[②]。其次，夺得政权的军事集团转化为军功受益阶层，根据军功的大小来利用政权，支配社会总财富和国家生活的各个方面。最后，以上的状况是中华帝国王朝交替、政权更迭的基本形式。

对此，郭茵细致考察了汉初的封侯标准、三公九卿的任用标准及地方官吏的任用标准，进而得出结论：在上述任何一项标准中都不存在所谓的军功原则。

我认为，在这个争论中，郭茵的结论更令人信服。这里的问题是，李开元把陆贾的意见当成了“以诗书治天下”的文治问题和“马背上得天下”的武功问题。这种解释用来整理陆贾自身的论点是合适的。但是，当把对问题的认识拓宽到“中华帝国王朝交替、政

---

① 李开元：《漢帝国の成立と劉邦集団：軍功受益階層の研究》(《汉帝国的建立与刘邦集团：军功受益阶层研究》，生活・读书・新知三联书店，2000 年)，汲古书院，2000 年。

② 同上。

权更迭的基本形式”时，我们需要考虑武将和文臣的问题，或者说从武政向文政过渡的问题。在以武政为中心的时代，必须以军功为标准做出评价。而且，正如郭茵强调的那样，刘邦在衡量军功方面展现出了杰出的能力（本书第三章）。在一个以军功为中心的时代，刘邦得到了集团成员的高度评价和充分支持。然而，刘邦集团得权后，情况发生了变化。根据《史记》卷五十五《留侯世家》，在20多人被无争议地封侯以后，局势进入了“其余日夜争功不决”的境地，诸将密谋反叛。西汉的建立，标志着以军功为中心的政治的结束。从这一点来看，刘邦没有采取按照军功大小任用官吏的制度，而是采用了以军功爵报答军功的制度。这样做显示了刘邦的灵活性，也显示了他是有意识地推进武政向文政转换。

本书最后是对所谓的“诸吕之乱”和南北军问题的研究。正如郭茵在后记中指出的那样，这些问题是她研究的核心，也是她论证最严谨的部分，其结论也是令人信服的。

吕氏一族最大的资本就是拥有刘氏皇族的血统，对因封诸吕为王而四处树敌的吕氏一族来说，主动发动叛乱实在是愚蠢至极。据《史记》记载，吕太后对吕产和吕禄的最后嘱托是：“高帝已定天下，与大臣约，曰‘非刘氏王者，天下共击之’。今吕氏王，大臣弗平。我即崩，帝年少，大臣恐为变。必据兵卫宫，慎毋送丧，毋为人所制。”这段话的前半部分通过吕太后之口，确认了白马之盟是存在的。关于这一点，我下面再谈。后半部分是非常理性的，说明吕太后的判断力并不迟钝。为了保护年少的皇帝（也是家族生存的唯一靠山），吕氏一族不能做多余的事情，必须彻底防守。

再回到白马之盟的问题。如前所述，订立所谓的白马之盟的时候，长沙王吴臣还在世，而司马迁在《汉兴以来诸侯王年表》中写道："高祖子弟同姓为王者九国，唯独长沙异姓……"首先，皇帝要具有行事逻辑的一贯性，很难想象刘邦会在异姓长沙王尚存的情况下订立白马之盟。其次，正如我前面提到的，刘邦曾追封吕太公为宣王。种种情况，容易让人怀疑白马之盟是一些对吕氏频繁封王抱有危机感的人为了团结反吕势力而提出的口号。因为提出这个口号的人并不是皇帝，所以可能没有充分考虑行事逻辑的一贯性。

我们不妨来考察一下诛吕急先锋之一朱虚侯刘章的言行。据《史记》卷五十二《齐悼惠王世家》记载，朱虚侯受命在吕太后宴席上侍酒，请求以"军法行酒"，按军法将醉酒离席的一名吕氏族人斩杀。朱虚侯还在宴席上为吕太后唱了《耕田歌》，内容是："深耕概种，立苗欲疏；非其种者，锄而去之。"这可以看作朱虚侯借用《耕田歌》表达要清除异姓王的主张，与白马之盟的内容如出一辙。白马之盟的口号极有可能是朱虚侯提出的。有趣的是，对朱虚侯的种种行为，"吕后默然"。

综上所述，郭茵关于"诸吕之乱"的研究还原了汉初的历史真相，澄清了这起2000多年前的疑案。

佐竹靖彦

2023年8月

目　录

零

序章

2000 多年前的疑案

吕氏权由何起

吕太后是西汉建立者高祖刘邦的妻子，第二代皇帝惠帝刘盈的生母，以及第三代少帝刘恭、第四代少帝刘弘的祖母。汉十二年（前 195 年），刘邦病逝，此时西汉建立不到 8 年。刘邦年轻的儿子刘盈作为继承人登基，实权则几乎由其母亲吕太后掌握。惠帝在即位后的第七年（前 188 年）去世，享年 23 岁。他的两个儿子少帝刘恭与少帝刘弘先后登基，但都因为年幼而由吕太后“临朝称制”。由此，吕太后成为西汉名副其实的最高统治者。本书将惠帝时期与少帝时期（刘恭和刘弘）合称为吕太后时期（前 194—前 180 年）。①

在以往的研究中，以《史记》《汉书》为代表，吕太后站在了功臣及刘氏一族的对立面，被视为充满忌妒心与野心的恶毒女性。吕太后掌权后，不仅虐杀了刘邦生前最宠爱的戚夫人，还杀害了几位刘氏诸侯王，企图铲除与刘邦一起建立西汉的功臣们。此外，吕太后还打破了刘邦与功臣的约定，重用吕氏一族。吕氏族人即便没有功绩，也被封为王侯。并且吕太后在去世前，还授予侄子吕禄、吕产最高军权与行政权。也正因如此，人们认为吕太后想取代刘氏的

---

① 本书的研究对象是吕雉身为太后的时期。为避免混乱，书中对吕雉本人的称呼一律为“吕太后”。

天下。吕太后的骄横行为招致了支持刘氏的功臣们的反对，这种不满以吕太后之死为契机爆发出来。吕氏一族走投无路之下想要造反，但在付诸行动之前被尽数诛杀。这就是著名的“诸吕之乱”。在此“乱”中，不仅吕氏一族全部被杀，包括少帝刘弘在内的惠帝的4个遗孤都被以不是惠帝亲生儿子为由杀死。相应地，刘邦之子代王刘恒被迎为皇帝，刘氏王朝也由此被功臣们保全。①

由于时间较短、基本沿袭刘邦时期政策等原因，过往研究对吕太后及吕太后时期都不太重视。不过，笔者认为吕太后时期是西汉历史上非常重要的时期，原因有二。

其一，与普遍的印象相反，在吕太后掌权的15年间，经济与社会有很大发展。《史记》《汉书》都高度评价了吕太后时期的治世，例如司马迁在《史记》卷九《吕太后本纪》的最后写道：

> 太史公曰：孝惠皇帝、高后之时，黎民得离战国之苦，君臣俱欲休息乎无为，故惠帝垂拱，高后女主称制，政不出房户，天下晏然。刑罚罕用，罪人是希。民务稼穑，衣食滋殖。

《汉书》中也有同样评价。另外，吕太后时期的“无为之治”不仅在汉代，在整个中国历史上也有很高评价。一般认为，吕太后时期的这种统治为之后的“文景之治”奠定了基础。

---

① 本书使用了“功臣”“武将”“大臣”“文臣”等概念。“功臣”是指对西汉建国立下大功之人，“武将”指率军作战之人，“大臣”指担任三公九卿等重要职位之人，“文臣”指担任军职以外的官员。

其二，吕太后的统治使刘氏的天下得以稳固。人们一般认为西汉国祚绵延 200 余年是理所当然之事。然而在吕太后时期，刘氏的政权能否长久，却并非不言自明的。而这也正是吕太后不得不与功臣们争斗的原因。刘邦在西汉建立不到 8 年时就去世了，彼时认为天下属于刘氏的共识尚未确立。例如，汉十二年（前 195 年），淮南王黥布发动叛乱。当被问及叛乱理由，黥布答云，是因为自己也想成为皇帝（《史记》卷九十一《黥布列传》）。对凭借战争建立起来的帝国而言，做出巨大贡献的功臣们未必顺从新皇帝，部分人也有寻机取而代之的野心。换言之，在建国初期，刘氏的天下非常不稳定。而与此形成鲜明对比的是，在吕太后去世后，功臣集团虽然废黜了皇帝，却完全没有自立为帝的举动，而是从刘氏诸侯王中挑选新皇帝。也就是说，吕太后 15 年的统治，把"天下是刘氏的天下"这一观念植入了人们的意识中。正是因为相对稳定的吕太后时期，西汉的历史才开始从刘邦的建立期进入文景时代的安定期、武帝时代的扩张期，并得以存续 200 余年。这表明，吕太后时期是汉代历史上极为重要的时期。因此，揭示吕太后时期的历史特征，确定其在西汉历史中的地位，有助于把握西汉历史，甚至有助于完整、系统地把握西汉时期的皇帝统治体系。

那么，吕太后在刘邦去世后，面对朝廷中的强大功臣们与地方上强势的刘氏诸侯王，为何能够掌握并维持政权？其中最大的原因，无疑是她作为前任皇帝正妻、现任皇帝母亲或祖母的身份。但仅依靠这些身份对抗建国初期的强大功臣们和刘氏诸侯王显然力不从心。因为，即便是与功臣们私人关系极为密切的刘邦，也无法完全抑制他们的力量。而在刘邦去世、年轻的惠帝及年幼的少帝即位后，皇帝与功臣的力量对比愈发不利于吕太后。在这种情况下，吕太后为何能够维持政权？为了维持政权，她又施行了怎样的统治？此外，与吕太后的统治密切相关的重要事件"诸吕之乱"到底是什么？为何会发生如此事件？要解答这些问题，就有必要阐明吕太后时期的权力结构。

本书旨在通过深入讨论吕太后时期的相关史料，探寻这一时期历史的真实情况，并在此基础上揭示吕太后时期的权力结构。

既往研究中的疑点

既往研究[①]对西汉中期以后的权力结构做了充分讨论[②]，但对西汉初期，尤其是吕太后时期的权力结构却并未给予足够的关注。关于西汉早期权力结构最详细的考察，是李开元先生的研究。[③]基本观点可总结如下：

> 1. 西汉初期，出现了作为新统治阶层的军功受益阶层，这是刘邦集团的一大变化与发展。李开元先生秉承廖伯源的说法，

---

① 本书日文版出版于 2014 年，文中"既往研究""截至目前"等表述均指 2014 年前的研究。——编注

② 关于汉武帝时期及之后的权力结构，主要研究成果为富田健之的一系列论考（详见参考文献），此外还有藤田高夫：《前漢後半期の外戚と官僚機構》，《東洋史研究》1990 年第 48 卷第 4 号。

③ 李开元：《漢帝国の成立と劉邦集团：軍功受益階層の研究》，汲古书院，2000 年。

将汉初功臣列侯集团作为一种政治势力加以关注。①汉初的官吏职位被军功受益阶层占据，立于该集团顶端的是丞相。

2. 根据皇帝与丞相办公地点的不同，西汉权力结构可分为以皇帝为中心的宫廷权力与以丞相为中心的政府权力。皇帝的权力止步于宫廷，以丞相为中心的中央政府则负责运营国政。

3. 以宫廷为中心的皇帝权力、以丞相为中心的政府权力及地方诸侯王权力，形成了三权并立的政治格局。西汉早期的权力重心长期偏重于军功受益阶层。

李开元先生的研究以军功受益阶层为焦点，为探讨西汉政治结构和社会结构提供了重要的线索，这一点值得高度评价。此外，李开元先生认为，刘邦集团由最初跟随刘邦的丰沛元从集团、砀泗楚人集团、秦人集团、多国合纵集团这4个地域集团构成，而且这4个地域集团各自掌握着不同的权力。具体而言，丰沛元从集团与砀泗楚人集团垄断了汉王朝的政治中心与统治集团的上层，秦人集团则一般停留在统治集团的中层，而多国合纵集团则照旧在各诸侯国工作。②一般认为，李开元先生的观点一针见血，大大推进了西汉初期权力结构的研究工作。但笔者认为，其中有几点尚有余地重新展开探讨。

首先，西汉初期的官吏职位多被军功受益阶层占据的确是事实。然而军功受益阶层的成员数量庞大，因此基于此概念展开的讨论存

① 廖伯源:《试论西汉时期列侯与政治之关系》,《文史研究论集》，学生书局，1986年。

② 李开元:《漢帝国の成立と劉邦集团：軍功受益階層の研究》，汲古书院，2000年，第199页。

在一些模糊之处。此外，该阶层的成员按照出身、经历、能力及与刘邦的关系等要素划分，有着不同的特性。因此，西汉王朝是否实际任用了很多军功受益阶层成员，任用的这一阶层之人有哪些具体特征，这些问题都极为重要。回答这些问题，不仅有助于揭示刘邦时期与吕太后时期的统治策略，也有助于阐明西汉初期的权力结构。

其次，西汉初期，功臣集团与刘氏诸侯王确实是两股很大的政治势力，但也不能高估这两股势力。此外，李开元先生认为皇帝的权力仅限于宫廷内，这一观点笔者有些难以接受。① 李开元先生指出"位于宫内的宫廷制定政策或诏令，位于宫外的政府接受并施行"②，又认为皇帝权力局限于宫廷内，显然自相矛盾。之所以这么说，是因为制定政策并颁布诏令的行为切实表明皇帝的政治权力位于压倒性的上位。此外，政治权力中的重要权力之一是人事权。刘邦时期自不必说，吕太后时期也任免了包括丞相在内的三公九卿与其他官员，包括向地方诸侯国派遣国相等。可以说，在西汉初期，

---

① 李开元先生在《漢帝国の成立と劉邦集団：軍功受益階層の研究》中认为，"刘邦的皇权，从诞生开始就有分权的特性，皇权是相对有限的。这种有限皇权，通过白马之盟加以固定化，形成了以宫廷为中心的权力机构、以丞相为中心的汉朝政府，以及诸侯国三权并立的政治结构"（汲古书院，2000 年，第 293 页）。换言之，李开元先生认为"非刘氏不得王，非有功不得侯"的白马之盟是刘邦与臣下达成的契约，体现刘邦与臣下"共天下"的精神。也正是由"共天下"的理念，形成了三权并立的结构。不过，正如卜宪群指出的，"共天下"与"共定天下"是不同的意思。笔者认为，刘邦的"非刘氏不得王"已经明确表明，他没有与外人分治天下的打算。卜宪群的观点，参见卜宪群：《评〈汉帝国的建立与刘邦集团〉》，《中国史研究》2001 年第 2 期。

② 李开元：《漢帝国の成立と劉邦集团：軍功受益階層の研究》，汲古书院，2000 年，第 229 页。

皇帝的权力远远凌驾于丞相、地方诸侯王的权力之上。因此笔者认为，李开元先生的研究虽然具体分析了包括吕太后时期在内的西汉初期的权力结构，但西汉初期，尤其是吕太后时期权力结构的相关结论，存在重新探讨的余地。

此外，值得关注的还有薄井俊二的研究。[①] 薄井的研究以惠帝一脉的政策为中心，并没有深入讨论吕太后时期的权力结构。不过，在对吕氏一族的认识上，薄井明确了此前一直被忽视的吕太后之兄的存在及其作用，并提出了“惠帝系皇统”的概念。这两点是极其重要的研究成果。进而言之，薄井明确指出“惠帝系皇统”由惠帝和惠帝的两个儿子（两位少帝）组成，并以此概念明确了吕太后及吕氏一族作为“惠帝系皇统”的后盾所发挥的作用。另外，薄井经过仔细考证与严密分析，还阐明了在刘氏皇室的主流认知中，吕氏一族与高祖是一个整体。如前所述，迄今为止关于吕太后的研究，基本思考框架都基于包括吕太后在内的吕氏一族与刘氏功臣的对立。然而根据薄井的研究，吕太后想要对抗的人，仅仅是有可能危及惠帝帝位的刘氏诸侯王。在这个意义上，薄井的研究成果为关于吕太后的研究打开了新局面。

从临朝称制的权力基础到“诸吕之乱”的真相

本书共七章。本章以外，剩余六章的研究目标与内容如下。

---

① 薄井俊二：《惠帝の即位——漢初政治における外戚の役割》，《埼玉大学紀要（教育学部・人文・社会科学）》1992 年第 41 卷第 1 号、第 2 号。

刘邦死后，继承帝位的其子惠帝非常年轻，所以吕太后以各种形式参政。在惠帝死后，由于登基称帝的少帝尚且年幼，所以吕太后实行临朝称制，直接掌握权力。上述情况之所以能够出现，吕太后作为前任皇帝正妻与现任皇帝母亲、祖母的身份发挥了极为重要的作用。然而，在通过以下克上的方式建立的西汉初期，政治局势极不稳定。由于朝中有强大的功臣们，地方又有刘氏诸侯王坐镇，单凭皇后、皇太后的身份，要维持长达 15 年的实权统治并非易事。因此，首先有必要阐明吕太后自身的权力基础。

第一章就是对吕太后如何构建自己的权力基础这一问题展开分析。本章指出，从楚汉战争至刘邦去世这段时期内吕太后与刘邦的动向来看，吕太后在西汉建立以前几乎没有功绩，依托其长兄周吕侯吕泽的军事力量被立为皇后。而在西汉建立之后，由于刘邦频繁、长期地离开长安，吕太后获得了直接运作国政的机会，由此与长安的功臣之间建立了一定的信赖关系，形成了自己的权力基础。

自身拥有强大的权力基础，不仅可以保全刘盈的太子之位，也是吕太后在刘邦死后 15 年间能够掌权的重要前提。但是，这一点并不能保证吕太后的统治。那么，吕太后具体是以怎样的形式施行统治的？第二章通过考证对西汉初期政治产生巨大影响的南北军的实际情况，阐明吕太后时期的统治方式。关于南北军这一课题，虽然学界已有很多研究，但其在政治中的作用与位置关系仍不甚明确。第二章基于既往的研究成果，梳理了南北军相关诸说存在的问题，并通过进一步考察南北军相关的零碎史料，就其在当时政治中的位置、作用提出新的假说。

既往研究一般认为，所谓汉初的南北军，即卫尉统辖的“军”

为南军，中尉统辖的“军”为北军。而实际上，南北军是皇帝所住未央宫、吕太后所住长乐宫的外侧守备军。南军驻扎于武库周边，与长乐宫的卫尉一同守卫长乐宫。北军则驻扎于未央宫以北，与未央宫卫尉一同守卫未央宫。在政治情势不安定之际，则设置上将军（或大将军）统率包括南北军在内的所有军队。政情稳定、不设上将军时，南北军则由太尉统率。第二章通过阐明南北军的位置和作用，揭示了西汉初期政治构造的两个问题：第一，吕太后能够控制政局的原因之一，是她一贯掌握军队最高司令——上将军；第二，由于守卫未央宫的北军比守卫长乐宫的南军重要，因此吕太后时期的政治中心并不是一般认为的长乐宫，而是皇帝所在的未央宫。从以上两点可以看出，吕太后时期的政治统治，是以皇帝为中心，以上将军及其武力作为支撑。

对以皇帝权威、上将军武力为后盾的吕太后而言，为了经营帝国，官僚机构的力量亦不可或缺。尤其是朝廷任用哪些人物，在很大程度上左右着政权的稳定。因此，有必要对吕太后时期的官僚任用政策、权力分配加以分析。不过，由于吕太后时期的官僚任用政策与刘邦时期联系紧密，因此必须先分析刘邦时期的官僚任用政策。

第三章便主要探讨了这一问题。与这一问题相关的是李开元先生的研究。李开元先生认为，在西汉初期，帝国军功集团被封侯与任官，存在“功→爵（侯）→官”的关系。而本章通过考证刘邦时期担任最高官僚的三公九卿，分析其出身、履历、任官时间与封侯时间，揭示了以下史实。第一，刘邦时期的三公九卿几乎都是先任官，而后因尽职尽责，因功封侯。所谓“功→爵（侯）→官”这样基于军功的官僚任用规则在刘邦时期并不存在。第二，三公九卿中秦吏出身者较多，因此刘邦时期三公九卿的任用，并不是基于军功，而是基于具有与各自职务相称的专业知识与能力。这两点要求也适用于地方郡太守的任用。第三，西汉建立后，刘邦有意遏制立下赫赫军功的武将势力。换言之，刘邦在位时期，比起军功，他更重视官僚的能力，并且为了国家稳定，有意抑制武将势力。

第四章进一步探讨了吕太后时期朝廷的官僚任用政策。吕太后基本继承了刘邦时期的官僚任用政策，但由于惠帝与吕氏一族强有力人物相继去世，吕太后的权力基础逐渐衰弱，故而能够看到其官僚任用政策的特征与刘邦时期有所不同。本章通过考察吕太后时期三公九卿的任用情况，得出以下结论：第一，吕太后时期的官僚任用规则与刘邦时期相同，主要是基于能力，并不存在基于军功的官吏任用规则；第二，随着吕太后自身权力基础的衰弱，其官僚任用标准逐渐转为任用自己的亲信之人。

然而，从刘邦时期开始延续的抑制武将政策招致了这个群体的不满，这种不满在吕太后去世前所做的最终人事安排，即将军事、行政的最高权力给予吕氏一族时达到了顶点。不仅武将们反对这一人事安排，文臣们也反对，其结果就是所谓的“诸吕之乱”。

如“诸吕之乱”之名所示，该事件被定性为吕氏一族为了夺取刘氏天下而引发的“乱”，而后被察觉的大臣、诸侯王阻止。然而，如果研究与这一事件相关的史料，就会发现不少史料与这一定论相矛盾。为阐明事件真相，第五章即通过具体考证大臣、齐王兄弟及吕氏一族的活动，揭示出“诸吕之乱”并非吕氏一族所为，实际上是由大臣与齐王兄弟引发的。并且，该事件并非合谋引发，而是双方相互利用、目的各异的行为所导致的结果。随后事态逐渐升级，以齐王之弟杀死吕产为开端，结局是吕氏一族遭到清洗，惠帝的儿子少帝刘弘及其兄弟们也都被杀。

最后一章对本书的研究成果加以总结，并阐述其在西汉史研究中的意义。

壹

第一章

吕太后的权力基础

关于吕太后的权力基础，迄今为止的研究成果来自谷口廉誉、美川修一与李开元先生。

谷口廉誉指出，在皇帝年幼的情况下，作为前任皇帝的嫡妻皇后有资格作为皇太后“临朝”。刘邦死后，大臣们之所以认为吕太后行使权力是正当的，也是因为她作为皇后的功能与特性。[①]对吕太后而言，嫡妻的身份非常重要，这一观点自然合理。然而在中国历史上，就实际“临朝”的皇太后来看，虽有成功的例子，但失败的例子也不少。总之，就吕太后的权力基础而言，嫡妻身份只是一个重要因素。尤其在西汉初期这种不稳定的时期，要探讨吕太后为何能够长期行使权力，除了嫡妻这一因素，还需要探讨吕太后自身的权力基础。

美川修一认为，吕太后的权力基础源于两点：第一，以吕太后的父亲吕太公为中心的沛县任侠集团；第二，刘邦打仗时，为防止诸侯叛乱，会把诸侯的孩子留在宫中，于是，在宫中长大的诸侯之子与吕太后产生了亲近的感情，这成了吕太后的权力基础。[②]美川认为吕太公和刘邦的关系是侠义的结合，这的确是吕太后权力基础的来源，应给予高度评价。但关于美川的第二点，笔者认为有较大的

① 谷口廉誉:《漢代の皇后権》,《史学雑誌》1978 年第 87 编第 11 号;《漢代の“太后臨朝”》,《歴史評論》1980 年第 359 号。

② 美川修一:《所謂漢の高祖の功臣の動向について——呂后専権の基盤》,《中国前近代史研究》, 雄山阁出版社，1980 年。

讨论余地。在西汉初期的宫廷中，且不说是否存在打仗时把臣下的孩子作为人质的习惯，[①]即使有，也不能认为作为人质的孩子们会与吕太后产生亲密的关系，更无法想象他们会成为吕太后的权力基础。事实上，从惠帝时期到"诸吕之乱"，活跃在权力中枢的人物除了曹参的儿子曹窋与张良的儿子张辟彊，几乎看不到诸侯子弟的身影。并且，曹窋在"诸吕之乱"之际，并不像美川所说的那样"不愿配合陈平、周勃等人"，反而是站在周勃一边，积极奔走（《史记》卷九《吕太后本纪》）。因此，美川的这一观点很难成立。

李开元先生在其著作中认为，[②]吕太后的权力始自她成为皇太后，亲自施政；吕氏一族的权力则始自惠帝死后，据张辟彊的建议引诸吕入宫，获得宫殿守卫部队的指挥权。[③]换言之，吕太后的权力基础是通过掌握军队形成的。这一认识极为重要，但也有必要做进一步的思考，例如为何大臣们会轻易地把军权交给吕太后？如果吕太后没有相应的权力基础，擅长争权的大臣们就不会轻易交出军权。

如上所述，三位学者关于吕太后权力基础的研究均有一些观点值得沿袭，但也存在无法充分说明吕太后权力基础之处。在重新讨论吕太后的权力基础时，《史记》卷九《吕太后本纪》的这段记载极

---

① 据笔者所知，西汉没有这样的习惯。

② 李开元：《漢帝国の成立と劉邦集团：軍功受益階層の研究》，汲古书院，2000 年。

③《史记》卷九《吕太后本纪》："七年秋八月戊寅，孝惠帝崩。发丧，太后哭，泣不下。留侯子张辟彊为侍中，年十五，谓丞相曰：'太后独有孝惠，今崩，哭不悲，君知其解乎？'丞相曰：'何解？'辟彊曰：'帝毋壮子，太后畏君等。君今请拜吕台、吕产、吕禄为将，将兵居南北军，及诸吕皆入宫，居中用事，如此则太后心安，君等幸得脱祸矣。'丞相乃如辟彊计。太后说，其哭乃哀。吕氏权由此起。乃大赦天下。九月辛丑，葬。太子即位为帝，谒高庙。元年，号令一出太后。"

富启发性，可能是讨论此问题的重要线索：

> 吕后为人刚毅，佐高祖定天下，所诛大臣多吕后力。吕后兄二人，皆为将。

不过，由于这一记述很模糊，关于刘邦平定天下时吕太后是否立下功劳这个问题，在学界存在各式各样的讨论。①

本章计划通过考证吕太后及其家族在西汉建立前后的活动，讨论吕太后及其家族对西汉建立的贡献，探明吕太后的权力基础。

吕太后在楚汉战争中的动向

刘邦举兵后经常转战各地，在此期间，吕太后究竟有哪些活动？本节首先考证吕太后是否像《史记》中所写的那样做到了“佐高祖定天下”。

《史记》卷十八《高祖功臣侯者年表》的“审食其”条载：

> 以舍人初起，侍吕后、孝惠沛三岁十月，吕后入楚，食其从一岁，侯。②

① 胡一华：《刘邦逝世后斗争述评》，《丽水师专学报》1984 年第 3 期；裴洛：《吕后的发迹、权术和倾覆》，《文科教学》1980 年第 1 期等。

②《汉书》对此有不同描述。《汉书》卷十六《高惠高后文功臣表》中的“审食其”条载：“以舍人初起，侍吕后、孝惠。二岁十月，吕后入楚，食其侍从一岁，侯。”就时间而言，《史记》与《汉书》有一年的分歧，本书依据《史记》的说法展开讨论。不过即便《汉书》的说法正确，也不会对本书的讨论产生太大影响。

审食其为吕太后亲信，后官至西汉丞相。从这段记述可以看出，审食其在沛县侍奉吕太后与惠帝共计 3 年 10 个月。此外，吕太后被楚军俘获是在彭城大战期间的汉二年（前 205 年）四月。由此时间上溯，距离刘邦举兵为沛公的秦二世元年（前 209 年）秋九月约 3 年 8 个月。换言之，自刘邦举兵至彭城大战期间，吕太后并未直接参与战争，而是与家人、审食其一起待在故乡沛县。[①]

彭城大战时，吕太后与刘邦的父亲刘太公、审食其一起去寻找刘邦，不仅没找到，反而还遭遇楚军，与刘太公、审食其一起被楚军囚禁。此后的两年半，吕太后都是楚军的人质。汉四年（前 203 年）九月，汉楚讲和之际，吕太后才被楚军释放。[②]也就是说，自刘邦举兵至汉楚讲和的 6 年间，吕太后没有与刘邦在一起，显然也就没有为后来西汉的建立做出直接贡献。

刘邦举兵前，吕太后曾替刘邦坐牢（《史记》卷九十六《张丞相列传》）。此外如上文所述，楚汉战争中，吕太后照看刘邦的家人，并被项羽军队囚禁，但这件事并不算直接的"佐高祖定天下"，可以说与吕太后权力基础的构建也没有关系。

这样看来，倒不如说"吕后兄二人，皆为将"的记载更具重要意义。尤其是吕后的长兄周吕侯吕泽很可能在吕太后权力基础的构建中发挥了重要作用。既往研究中，对吕太后本身的研究较少，关于吕泽的研究则更少。仅就笔者管见，重视吕泽作用的只有薄井俊

① 此外，《汉书》卷一《高帝纪》中的"汉元年（前 206 年）"条中有"九月，汉王遣将军薛欧、王吸出武关，因王陵兵，从南阳迎太公、吕后于沛。羽闻之，发兵距之阳夏，不得前"。此事表明刘邦没有带家人去蜀地的汉国。

② 据《史记》卷七《项羽本纪》，另参见本书末的《刘邦年表》。

二的研究。薄井在分析后来刘盈成为太子的原因时，高度评价了吕氏一族，特别是吕泽的作用。他还关注到，在彭城大战中惨败的刘邦，最后带着仅存的几十骑投靠吕泽：

> 在这场混战中，只有周吕侯吕泽旗帜鲜明，守住了靠近彭城的下邑城镇，表现出支援汉王的态势。……指名惠帝为接班人，是高祖对吕氏一族的报答，对吕氏一族支援的褒奖。换言之，这也是为了今后还能得到吕氏一族支援的保证。①

这段内容，一针见血地指出了刘盈被立为太子的原因。但是，刘盈为何在刘邦战败后不久被立为太子？为何在母亲吕太后还被囚禁的情况下，刘盈必须被立为太子？对于这些问题，薄井并未详细说明。彭城大战时，跟随刘邦的诸侯军队原本是独立军队，在投降刘邦后与之一起占领彭城。与此相对，吕泽的军队属于刘邦军队的一部分，在刘邦前往彭城时守卫下邑。也就是说，吕泽的军队与其他诸侯的投降军队性质完全不同，在彭城大战中失利的刘邦去投奔吕泽，可以说是理所当然之事。因此在这个不稳定的时期，仅仅是为了"对吕氏一族的报答，对吕氏一族支援的褒奖"，就把吕泽的外甥立为太子，似乎还是不太自然。那么，为何刘邦要想在日后继续获得吕氏一族的支援，就必须在战败不久的这个时间点立吕泽的外甥刘盈为太子呢？为了探明此点，要先分析刘邦家庭内部的情况。

---

① 薄井俊二：《恵帝の即位——漢初政治における外戚の役割》，《埼玉大学紀要（教育学部・人文・社会科学）》1992 年第 41 卷第 1 号、第 2 号。

戚夫人与赵王如意

戚夫人的期望

既往研究普遍认为刘邦的嫡长子刘盈被立为太子乃理所当然之事，几乎没有人对此产生疑问。然而众所周知，刘盈被立为太子后，刘邦多次意图更换太子。刘邦的理由是刘盈"仁弱"，而他最宠爱的戚夫人之子赵王如意则被视为"类我"(《史记》卷九《吕太后本纪》)。刘邦不管嫡庶之别，无视大臣们的反对意见，希望更换太子。就这一点来看，对刘邦而言，嫡长子的身份并非那么重要。另外，《史记》卷九《吕太后本纪》载：

> [戚姬]常从上之关东，日夜啼泣，欲立其子代太子。

不过，该记载也有一些疑问。具体说来，因为自己被宠爱，就让皇帝废黜已立的太子，换成自己的儿子，无论怎么看都是非分之想。而从其"日夜"不断请求、每次请求都哭的情况来看，可以认为对戚夫人而言，这一请求背后存在某种正当性。为何戚夫人会如此执拗地请求呢？答案可以从史料中寻找。在刘邦与戚夫人都认识到无法更换皇太子这点后，有了《史记》卷五十五《留侯世家》中的这段对话：

> 召戚夫人指示四人者曰："我欲易之，彼四人辅之，羽翼已成，难动矣。吕后真而主矣。"戚夫人泣，上曰："为我楚舞，吾为若楚歌。"歌曰："鸿鹄高飞，一举千里。羽翮已就，横绝

四海。横绝四海，当可奈何！虽有矰缴，尚安所施！”……戚夫人唏嘘流涕。

从刘邦的歌声中可见其无可奈何的心情，戚夫人的眼泪里也充满了悔恨。由这个小故事可以推测，刘邦和戚夫人之间，可能有立赵王如意为太子的约定。那么，假如真有这样的约定，它又出现于何时？为了探讨这一点，首先需要明了赵王如意的年龄。

赵王如意的年龄

据《史记》卷九《吕太后本纪》载，吕太后欲杀赵王如意，知道此事的惠帝常常保护这个异母弟弟。但某一天，惠帝早起去打猎，“年少”的赵王如意因为没能早起，被吕太后毒杀。① 这一记载给人的感觉是赵王如意的年纪比惠帝小很多。那么，赵王如意与惠帝的年龄究竟相差多少呢？《史记》卷九十六《张丞相列传》载：

后戚姬子如意为赵王，年十岁。

如意被立为赵王是在汉九年（前198年），以虚岁算，可以推断他出生于秦二世三年（前207年）。此外，《汉书》卷二《惠帝纪》载：

帝年五岁，高祖初为汉王。

①《史记》卷九《吕太后本纪》载：“孝惠元年（前194年）十二月，帝晨出射。赵王少，不能蚤起。太后闻其独居，使人持鸩饮之。犁明，孝惠还，赵王已死。”

同样以虚岁计算，可知惠帝刘盈出生于秦始皇三十七年（前210年）。因此，赵王如意比惠帝小3岁。在汉二年（前205年），6岁的惠帝刘盈被立为太子时，赵王如意3岁。赵王如意的母亲戚夫人与刘邦相遇后倍受宠爱，由此可以推测，赵王如意出生后就被刘邦看中。这一点可以从“如意”这个名字看出，“如意”即“满意”“如愿”的意思。换言之，刘邦从一开始就想立赵王如意为太子。可以认为刘邦与戚夫人的约定，自赵王如意出生起就存在。那么，为何刘邦不能按照意愿立赵王如意为太子？对此问题，有必要从刘盈被立为太子的经过展开讨论。

太子的废立与周吕侯吕泽

刘盈被立为太子的缘由

刘盈被立为太子是在汉二年六月。在此之前的汉二年四月，刘邦率领5位诸侯的56万军队进攻楚国。正攻打齐国的项羽率领3万精锐部队匆匆返回，双方在彭城、灵壁之东的睢水上展开激战。这就是彭城之战。结果，刘邦惨败，率领数十骑逃走（《史记》卷八《高祖本纪》）。可以说，这场惨败对刘邦而言是致命的。刘邦在逃亡途中遇到了女儿鲁元公主与儿子刘盈。夏侯婴等随从想让两个孩子上马车，但被楚军追赶的刘邦为了让马车加速，多次将两个孩子推下马车。夏侯婴每次都捡回两个孩子放到马车上，险些因此被刘邦杀死（《史记》卷九十五《夏侯婴列传》）。从连自己孩子的生命都不顾的态度中，可以看出刘邦的狼狈。同时也可以想象，刘盈在刘邦心中并没有那么重要。尽管如此，在过了不到两个月的汉二年六月，刘邦在吕太后不在的情况下，于栎阳立刘盈为太子。

毫无疑问，彭城之战使刘邦在军事上受到了重大打击。当时战败不久，并且父亲、妻子都被敌军抓获作为人质，此时刘邦慌忙立刘盈为太子极不自然。而解释发生该事件的唯一理由，大概是吕太后的长兄吕泽的存在。《史记》卷八《高祖本纪》载：

> 吕后兄周吕侯为汉将兵，居下邑。汉王从之，稍收士卒，军砀。

换言之，在刘邦进军彭城的同一时期，吕太后的长兄吕泽正率领军队占领下邑。《史记》卷十八《高祖功臣侯者年表》中的“周吕侯”条载：

> 还定三秦，将兵先入砀。

此时下邑、砀大概都在吕泽的控制下。因此，刘邦在败走彭城后，前往下邑投靠吕泽，吕泽成了刘邦的后盾。之后，刘邦收拢败军向西撤退。《史记》卷七《项羽本纪》载，刘邦之后到达荥阳：

> 至荥阳，诸败军皆会，萧何亦发关中老弱未傅悉诣荥阳，复大振。

虽然“复大振”，但收拢的败军与萧何征召的老弱，显然是一支没有战斗力、不太可靠的军队。因而可以推测，对大败之后的刘邦而言，吕泽的军事力量不可或缺。

然而，此时的吕太后是楚军的人质，处于不知何时就会被杀的状态。如果没有吕太后，刘邦与吕泽之间的联系的确会弱化。而万一吕太后被杀，戚夫人成为刘邦的嫡妻，其子如意成为太子，[①]对吕氏一族不仅没有任何好处，他们的安全也无法得到保障。如此一来，吕泽就没有必要为刘邦死战了。因此，刘盈被立为太子，很可能是刘邦拉拢吕泽的策略或条件。[②]这一点，也可以从下文所述的废太子风波中推测出来。

废太子风波与周吕侯吕泽的关系

刘盈被立为太子后，刘邦多次打算更换太子。研读史料，可以看出这些行为与吕泽具有很密切的关系。《史记》卷九《吕太后本纪》载：

> 如意立为赵王后，几代太子者数矣。

也就是说，更换太子的事件发生在如意被封为赵王之后。如前

---

① 汉代有"子以母贵""母以子贵"的思想，一般立皇后之子为太子。详见拙稿《试论西汉的皇后册立标准及其对政治的影响》，《言語文化論究》2006年第21号。

② 直到今天，吕太后被视为刘邦的嫡妻，刘盈是刘邦的嫡长子，因此立刘盈为太子被视为理所当然之事，不怎么受到学者重视。但正如本书第五章讨论的那样，刘盈可能不是刘邦的嫡长子。刘盈被立为太子之前，刘邦有3个儿子，除了刘盈与赵王如意，还有后来成为齐悼惠王的刘肥。这三人中，刘肥最年长，赵王如意最受宠爱，因此两人都很有可能被立为太子。正因如此，刘邦是为了拉拢拥有强大军事力量的周吕侯吕泽，特意在战败后不久匆匆立刘盈为太子。

所述，如意封赵王是在汉九年（前 198 年），吕泽于该年的前一年去世。结合刘盈被立为太子的情况来看，这恐怕不是偶然。换言之，只要吕泽还活着，刘邦就无法提出废黜太子。那么，吕泽为何对刘邦有如此大的影响力？在西汉，吕泽究竟有着怎样的地位？

如前所述，吕泽是吕太后的长兄，建成侯吕释之是吕太后的仲兄。据《史记》卷十八《高祖功臣侯者年表》，长兄吕泽为汉转战各地。而吕太后的仲兄吕释之，在楚汉战争时期主要在沛县守护刘氏、吕氏的亲属。① 因这些功绩，两人得以在西汉建立早期封侯，吕泽以第十一位封周吕侯，吕释之以第十二位封建成侯。二人的功绩很大，对此刘邦也给予了很高的评价。另外，《高祖功臣侯者年表》中除了记载了功臣的经历和功绩，末尾有时会写下"属 ××"，如"属韩信""属周吕侯"等。其中，"属韩信"者九人②，"属周吕侯"者四人，"属刘贾（刘邦堂兄）"者二人，"属雍齿"者一人，共计十六人。将此与其他材料结合起来考虑，可以认为在楚汉战争时期，刘邦集团由数个军团组成。韩信独自率军在齐等地作战；刘邦"还定三秦"时，吕泽也"将兵先入砀"（《史记》卷十八《高祖功臣侯者年表》）；刘贾在楚汉决战之际，也曾率先攻入楚国的寿春，单独展开军事行动。换言之，刘邦集团在楚汉战争中始终没有作为一个整体活动，

---

① 关于吕太后两位兄长的名字，《史记》《汉书》中有不同的记载，《史记》卷十八《高祖功臣侯者年表》与《汉书》卷十八《外戚恩泽侯表》为周吕侯吕泽、建成侯吕释之。而《史记》卷五十五《留侯世家》与《汉书》卷四十《张良传》中则作建成侯吕泽。本书认为吕太后长兄、仲兄名字分别为周吕侯吕泽和建成侯吕释之。另可参照第 37 页注释。

② 这九人中，有一人隶属于灌婴，但灌婴始终是韩信的部下，因此认为灌婴的属下即韩信的属下，问题不大。

而是经常分成几个军团活动。以上文的“属 ××”为基础，虽然具体时间可能略有偏差，但楚汉战争时期至少有刘邦军团、韩信军团、吕泽军团、刘贾军团、雍齿军团 5 个军团。另外，从封侯者的数量来看，吕泽属下封侯者四人，仅次于韩信的九人，由此也可以推测吕泽军团是仅次于韩信军团的大军团。可见吕泽曾是西汉非常重要的人物。① 此外，关于吕泽军团的特性，由于史料有限，不甚清楚。不过，从吕泽对西汉建立所贡献的军事力量来看，可以肯定，他在西汉建立后也是具有非常大影响力的元勋。大概正因如此，吕泽在世时，刘邦无法提出更换太子的想法。

吕太后立后的过程

以上是刘盈被立为太子的梗概，而吕太后被立为皇后，则是该事件的延伸。《汉书》卷一《高帝纪》载：

> ［汉五年（前 202 年）二月］汉王即皇帝位于氾水之阳，尊王后曰皇后，太子曰皇太子。

此时，吕太后由王后成为皇后。而吕太后何时何地被立为王后，《史记》《汉书》都无记载。从立太子的过程及吕太后的经历来看，

---

① 既然周吕侯吕泽是重要人物，那为何史书中全然不见其功绩？正如李开元先生指出的那样，西汉初期朝廷人为篡改了吕氏一族的历史。吕氏一族在吕太后去世后的政变中被全部处死，该政变最大的受益者文帝及其子孙为了塑造自身的合法性，必须正当化吕氏一族被杀之事。因此吕氏一族在西汉建立时期的贡献被尽可能地抹杀，而史书中保留的关于吕泽的记载则是无论如何都无法删去的内容。

可以推测吕太后成为王后与立太子在同一时期。也就是说，吕太后在身为楚国人质期间被立为王后。

综上所述，至楚汉战争结束始终没有功绩，并且离开刘邦超过6年的吕太后之所以被立为王后，无疑是因为长兄吕泽拥有极大的军事力量。那么，于汉四年（前203年）九月被楚军释放，此后成为皇后的吕太后，又是怎样构建自身权力基础的呢?

西汉建立后的吕太后

刘邦的动向与吕太后的帝国经营

刘邦登基称帝后，经常因镇压叛乱离开长安。不过仔细查阅史料，可知刘邦离开长安的时间，超过了实际需要。此点从下页的表1–1可以看出。

由表1–1可见，刘邦自汉五年五月定都长安，至去世的汉十二年（前195年）四月为止的7年间，待在长安的时间总共不过3年半。如果从建立长乐宫、将丞相以下的官僚机构全部迁往长安的汉七年（前200年）算起，刘邦在距离去世只有5年多的这段时间内，也仅有一半的时间身在长安。特别是如果除去汉九年（前198年）二月至汉十年（前197年）八月的一年半，以及去世前的5个月，刘邦几乎没有在长安待过。据表1–1可知，上述不在长安的时间，除了征战，刘邦几乎都在洛阳，随行的自然是戚夫人。《史记》卷九《吕太后本纪》载:

> 戚姬幸，常从上之关东。……吕后年长，常留守，希见上，益疏。

此句所说的关东，结合表 1-1 来看，明显是指洛阳。而吕太后“留守”显然是留守在长安。那么，刘邦不在长安的时候，吕太后到底在干什么？

表 1-1 刘邦在长安日期推定表

汉历	刘邦的活动	在长安的时间
五年五月 七月	解散军队，移都长安。 前往洛阳。	五年五月至五年七月，共 2 个月。
五年后九月 六年十二月	移诸侯子于汉中。建长乐宫。 会诸侯于陈。在洛阳论功行赏。	五年后九月至六年十二月，共 3 个月。
七年二月 夏四月	前往长安。 前往洛阳。	七年二月至四月，共 2 个月。
八年冬 十二月 春三月	于东垣讨伐韩信余党。 自东垣前往长安。 前往洛阳。	八年十二月至春三月，共 3 个月。
八年九月 九年冬十月 十二月	自洛阳前往长安。 长乐宫建成，诸侯来朝。 前往洛阳。	八年九月至九年十二月，共 3 个月。
九年二月 十年十月 八月 九月	自洛阳前往长安。 诸侯来朝。 陈豨于代地叛乱。 亲自前往讨伐陈豨。	九年二月至十年九月，共 18 个月。
十一年夏三月 夏四月 秋七月	彭越叛乱，吕太后自长安前往洛阳。 自洛阳前往长安。 黥布叛乱，亲自前往讨伐。	十一年四月至七月，共 3 个月。
十二年十一月 四月	自黥布军营前往长安。 死于长乐宫。	十二年十一月至十二年四月，共 5 个月。

注：本表基于《史记》卷八《高祖本纪》与《汉书》相关内容推定制作。表中的年、月为汉历年、月，以十月为岁首。例如某年十月、十一月、十二月各自相当于汉历的一月、二月、三月。

韩信、彭越之死与吕太后的权力

韩信具有卓越的军事才能，楚汉战争时降服项羽所封齐、赵、燕等诸侯国，并自封为齐王。刘邦在与项羽决战之际，也是凭借着韩信与彭越参战才取得了最终胜利。西汉建立后，韩信被封为楚王，但不久后就被认定为谋反而降级为侯。对此心中不服的韩信，便在刘邦讨伐陈豨期间，真的在长安城谋反。《史记》卷九十二《淮阴侯列传》载：

> [韩信]欲发以袭吕后、太子。……[其]舍人弟上变，告信欲反状于吕后。吕后欲召，恐其党不就，乃与萧相国谋，诈令人从上所来，言豨已得死，列侯群臣皆贺。相国绐信曰："虽疾，强入贺。"信入，吕后使武士缚信，斩之长乐钟室。

据此，韩信发动叛乱时，首要的攻击对象不是守备的将军或作为行政首脑的相国，而是吕太后。此外，舍人的弟弟也不是向相国汇报韩信叛乱的消息，而是向吕太后汇报，由此可见吕太后当时是长安的最高权力者。另外，接到报告的吕太后立刻就要召见韩信。从"召"字可以看出，吕太后在长安拥有召见大臣、地方诸侯王的权力。而且她是在与相国萧何协商的基础上，最终欺骗并处死了韩信。

该史料作为吕太后功绩的证明，经常被研究者引用。的确，吕太后处死韩信、保卫长安，可以说是她对西汉的一大功绩。但笔者想指出的是，吕太后握有无须询问刘邦便可处死韩信的权力。之所以这么说，是因为韩信不仅是开国功臣，还具有相当的人望。[①]如果不是与皇帝权力相当，不可能处死像韩信这样有地位、有军功的元勋。另外，萧何与韩信关系极为亲密，最初把具备卓越军事才能的韩信推荐给刘邦的也是萧何。因此，了解两者关系的吕太后能与萧何商量对策，可见她对萧何极为信任。此外，萧何参与制订、执行欺骗并处死韩信的计划，也可能是因为他对吕太后有强烈的信任与服从性。特别是在没有刘邦的情况下，他无疑把吕太后视为刘邦的替身，或者说是刘邦的代理人。

从彭越被杀的过程也可以看出吕太后深度参与了国政。彭越也是为西汉开国做出巨大贡献的功臣，但因涉嫌叛乱而被刘邦拘捕，被从洛阳迁徙到蜀地的青衣。彭越在前往蜀地的路上，正好遇到了从长安前往洛阳的吕太后。《史记》卷九十《彭越列传》载：

> [彭越]西至郑，逢吕后从长安来，欲之雒阳，道见彭王。彭王为吕后泣涕，自言无罪，愿处故昌邑。吕后许诺，与俱东至雒阳。吕后白上曰："彭王壮士，今徙之蜀，此自遗患，不如遂诛之。妾谨与俱来。"于是吕后乃令其舍人告彭越复谋反。廷尉王恬开奏请族之。上乃可，遂夷越宗族，国除。

---

① 关于韩信的人望可见于以下史料。《史记》卷九十二《淮阴侯列传》："[淮阴侯韩]信尝过樊将军哙，哙跪拜送迎，言称臣，曰：'大王乃肯临臣！'"此时韩信已被夺取封国，与樊哙一样是列侯。尽管如此，韩信来到樊哙家中，樊哙依然称韩信为"大王"，自称为"臣"，并大喜过望，如同受到了意外的宠幸。即便是没有与韩信一同在战场上打过仗的樊哙，面对韩信都是如此态度，则韩信原来的部下曹参、灌婴、傅宽等人应当也都非常尊敬韩信。另外，《淮阴侯列传》中有："陈豨拜为钜鹿守，辞于淮阴侯（韩信）。淮阴侯挈其手，辟左右与之步于庭，仰天叹曰：'子可与言乎？欲与子有言也。'豨曰：'唯将军令之。'"由此可以看出陈豨也对韩信极为恭顺。

这则史料是表明吕太后于刘邦在世期间就已深度参与政治的力证之一。首先，吕太后与彭越相遇是在她从长安去洛阳的路上。由此可见，刘邦在洛阳期间，吕太后并非长居长安，也有去洛阳的时候。吕太后前往洛阳的原因史料未载，但笔者认为其重要目的之一是与刘邦商议国政。其次，彭越向吕太后申诉，称自己无罪，并要求前往昌邑。这说明在彭越看来，吕太后有权力解救他。而且，尽管彭越因发动叛乱被刘邦驱逐到蜀地，但吕太后自行推翻了刘邦的决策，假装接受彭越的请求，将之带回洛阳。这意味着吕太后拥有参与国政的巨大权力。至于如何处置彭越，吕太后将自己的想法传达给刘邦，并受命处置彭越，可见吕太后参与国政是刘邦同意的。特别是“吕后乃令其舍人告彭越复谋反”一句表明，虽然刘邦是政治舞台的公开核心，但吕太后也绝非活动于幕后的人物。并且，刘邦对吕太后的意见与行动完全没有异议，可见他极为信赖吕太后的能力与判断。①

综上所述，刘邦在西汉建立后，时常不在长安，因此很少处理国政，而是将国政交由吕太后与萧何处理。然而从汉十一年（前196年）左右开始，刘邦对萧何的信任开始动摇，韩信被杀后，刘邦对萧何的不信任感越来越强烈，乃至最终将其下狱。其结果是吕太后成了刘邦唯一值得信赖之人。因此，在刘邦生病后，国政不得不更

① 对于韩信与彭越被杀之事，前引薄井俊二的研究认为“在吕后的监护下，惠帝代行皇帝事”。换言之，薄井也从这两个事件中注意到，即便刘邦不在长安，长安也有行使皇权之人。另外，薄井为了强调太子的正当性，认为代行皇权的是太子刘盈，其监护人为吕太后。但值得注意的是，处死韩信与彭越的不是太子，也没有使用太子的名义。并且，彭越也不是在长安被杀。由此来看，太子刘盈与彭越案并无直接或间接的关联。因此，吕太后并非作为太子的“监护人”发挥作用，而是自己直接行使权力。

加依赖吕太后。《史记》卷九十三《卢绾列传》载：

> 往年春，汉族淮阴，夏，诛彭越，皆吕后计。今上病，属任吕后。

此外，刘邦去世之前，吕太后询问刘邦他死后的人事安排。这份遗言本身的可信度姑且不论，[①]仅从旁人相信她听取了刘邦遗言这件事本身，就表明吕太后拥有相当大的权力。[②]

---

① 关于刘邦遗言可靠性的详细探讨，见本书第四章。

② 除了处死韩信与彭越，吕太后对重要国政施加影响的例子还有两个。一是西汉建立不久时，为了与匈奴议和，刘邦接受了刘敬的建议，打算把鲁元公主送去匈奴，但被吕太后阻止。《史记》卷九十九《刘敬列传》有："吕后日夜泣，曰：'妾唯太子、一女，奈何弃之匈奴！'上竟不能遣长公主。"二是汉十一年（前196年）黥布叛乱时，刘邦生病，想以太子刘盈为将领，让其领兵讨伐。《史记》卷五十五《留侯世家》载：

> 汉十一年，黥布反，上病，欲使太子将，往击之。四人相谓曰："凡来者，将以存太子。太子将兵，事危矣。"乃说建成侯曰："太子将兵，有功则位不益太子；无功还，则从此受祸矣。且太子所与俱诸将，皆尝与上定天下枭将也，今使太子将之，此无异使羊将狼也，皆不肯为尽力，其无功必矣。臣闻'母爱者子抱'，今戚夫人日夜侍御，赵王如意常抱居前，上曰'终不使不肖子居爱子之上'，明乎其代太子位必矣。君何不急请吕后承间为上泣言：'黥布，天下猛将也，善用兵，今诸将皆陛下故等夷，乃令太子将此属，无异使羊将狼，莫肯为用，且使布闻之，则鼓行而西耳。上虽病，强载辎车，卧而护之，诸将不敢不尽力。上虽苦，为妻子自强。'"

这里的"四人"指在张良的推荐下辅佐太子刘盈的四位老人。吕太后根据这四人的建议，阻止了对刘盈的任命。这些例子当然可以用吕太后是皇太子和鲁元公主的母亲，因此有能力阻止来解释。然而，这两件事都关系到国家安危，但最终都依照了不受刘邦宠爱的吕太后的意见。这表明吕太后的影响力极大，这种影响力恐怕与吕太后在西汉建国后的贡献有关。

综上所述，性格刚毅的吕太后为西汉的稳定与运转做出了巨大贡献。

吕太后的权力基础

与功臣的关系

吕太后通过长期处理国政，与大臣们建立了一定的信赖关系。例如，在刘邦去世后，吕太后欲杀赵王如意，多次召赵王如意。赵国丞相[①]周昌由于察觉了吕太后的意图，便不让赵王如意前往长安。吕太后无奈，只能先把周昌召入长安。《史记》卷九十六《张丞相列传》载：

> 高后怒而骂周昌曰："尔不知我之怨戚氏乎？而不遣赵王，何？"

这里的"怒而骂"，很容易被理解为吕太后对大臣的骄横，[②]但吕太后责骂周昌的内容却是："你不知道我怨恨戚氏吗？为什么不让赵王前来？"从这一表达来看，显然是对不配合自己的老友的一种不满，至少可以看出吕太后与周昌曾经关系很好。

另外，吕太后与张良关系也很近。《史记》卷五十五《留侯世家》载：

---

① 惠帝元年（前 194 年）废诸侯王国相国一职，改称丞相。

② 美川修一：《所謂漢の高祖の功臣の動向について——呂后専権の基盤》,《中国前近代史研究》，雄山阁出版社，1980 年。

> 上欲废太子，立戚夫人子赵王如意。大臣多谏争，未能得坚决者也。吕后恐，不知所为。人或谓吕后曰："留侯善画计筴，上信用之。"吕后乃使建成侯吕泽劫留侯[①]，曰："君常为上谋臣，今上欲易太子，君安得高枕而卧乎？"留侯曰："始上数在困急之中，幸用臣筴。今天下安定，以爱欲易太子，骨肉之间，虽臣等百余人何益。"吕泽强要曰："为我画计。"留侯曰："此难以口舌争也。……"

这里对张良使用了"劫"这个字。前文提及的美川修一解释云，吕太后行使权力威胁张良。"劫"确实有"胁迫"的意思，但也有"强行"的意思。从吕太后及其兄长与张良的对话来看，与其说是"胁迫"，倒不如解释为"强行"请求更加妥当。张良作为参谋常与刘邦一起行动，是汉初政治中枢的一位领袖人物，吕太后的权力无法影响张良，尤其对废黜太子这种微妙的问题，威胁张良这类人物非常危险。因此，"劫"不是威胁，也不是基于权力的强制。笔者认为，这是一种强求亲近之人做点什么的意味。而吕太后与张良之间的亲近关系，也可从下文提及的逸闻中确认。

刘邦去世后，张良遵从道教教义，为减轻身体负担而不吃谷物，即"辟谷"。吕太后知道后，强行让张良食用谷物。《史记》卷五十五《留侯世家》载：

---

① 此处《史记》记载有误，建成侯应当是吕释之。当时吕太后的长兄吕泽已经去世，可以推测这里的"建成侯"是吕太后的仲兄。

[张良]乃学辟谷，道引轻身。会高帝崩，吕后德留侯，乃强食之，曰："人生一世间，如白驹过隙，何至自苦如此乎！"留侯不得已，强听而食。

从这一记载也可以看到吕太后对张良的"强求"，但这也属于亲近之人间的"强求"，绝非威胁。如此，则吕太后及吕氏一族与张良的亲近关系并不难理解。

吕太后与刘邦的下属们建立起深厚交情，大概发生于西汉建立后，吕太后在长安治国理政期间。当时，周昌作为御史大夫协助吕太后处理国政，双方在此期间结下了深厚的交情。张良则因体弱常居长安，曾为太子少傅，故而与吕太后的接触也不少。

除此之外，吕太后和大臣们存在公私交情的事例也很多。例如，前述韩信欲发动叛乱时吕太后与萧何的应对就是一例。另外，夏侯婴曾救过惠帝与鲁元公主，因此吕太后十分感激他。刘邦死后，吕太后为了让夏侯婴住得离自己近一些，就把宫殿附近的宅邸赏赐给了他。①

综上所述，刘邦离开长安时，部分大臣可能与刘邦同行，但多数人应当留在长安，与吕太后一起筹划都城建设、运营国政。从吕太后对韩信、彭越的处理中可以看出，她具有冷静判断形势、快速行动的能力，而这种优秀的政治能力会体现在国政运营的各个方面。可以推测，刘邦不在长安期间，吕太后与包括萧何、周昌、张良在

①《史记》卷九十五《夏侯婴列传》："孝惠帝及高后德婴之脱孝惠、鲁元于下邑之间也，乃赐婴县北第第一，曰'近我'，以尊异之。"

内的许多大臣建立起了牢固的信任关系，得到了他们的支持与协助。刘邦打算更换太子时众多大臣强烈反对，也是其表现之一。

从废太子风波看吕太后的权力基础

《史记》卷九《吕太后本纪》载：

> 如意……几代太子者数矣，赖大臣争之，及留侯策，太子得毋废。

类似的记载也散见于其他史料，可见刘邦废黜太子的举动遭到了相当强烈的抵制。其中值得一提的是周昌的反应，《史记》卷九十六《张丞相列传》载：

> 及帝欲废太子，而立戚姬子如意为太子，大臣固争之，莫能得。上以留侯策即止。而周昌廷争之强，上问其说，昌为人吃，又盛怒，曰：“臣口不能言，然臣期期知其不可。陛下虽欲废太子，臣期期不奉诏。”

周昌愤怒万分，哪怕刘邦下诏更换太子，他也不会服从诏书。换言之，周昌计划与刘邦断绝关系。大臣们主张不能更换太子的理由，作为太子太傅的叔孙通最为清楚。《史记》卷九十九《叔孙通列传》载：

> 叔孙通谏上曰：“昔者晋献公以骊姬之故废太子，立奚齐，晋国乱者数十年，为天下笑。秦以不蚤定扶苏，令赵高得以诈

立胡亥，自使灭祀，此陛下所亲见。今太子仁孝，天下皆闻之；吕后与陛下攻苦食啖，其可背哉！陛下必欲废适而立少，臣愿先伏诛，以颈血污地。”

叔孙通认为不能废太子的理由有二：一是要避免因更换太子而引发的混乱；二是吕太后有很大的功绩，不应该背叛她。“吕后与陛下攻苦食啖，其可背哉”的主张，是吕太后的功绩得到大臣们广泛认可的证据。可以说，大臣们类似上文的强烈意见，以及刘邦自己也承认吕太后的功绩，是他最终接纳诸大臣的意见，没有更换太子的原因。

汉八年（前 199 年）周吕侯吕泽的去世的确使吕太后失去了强大的后盾，大大削弱了吕太后的权力基础，并导致了次年开始的废太子风波。然而，吕太后得到了仲兄建成侯吕释之及大臣们的帮助，顺利保住了太子的位置。倒不如说，通过此次废黜太子的风波，吕太后的权力基础得到了强化。在这一稳固的权力基础面前，刘邦废黜太子的设想最终受挫。刘邦感叹：“鸿鹄高飞，一举千里。……横绝四海，当可奈何！”这与其说是对太子刘盈的势力感到无力，倒不如说是感叹站在太子身后的吕太后的力量。在汉代，改立皇太子的事例很多，故不得不说，汉高祖刘邦未能如愿改立皇太子一事极为罕见。例如东汉开国皇帝刘秀不仅轻松改立了皇太子，甚至改立皇后都没有遭遇很大抵抗。[①]由此可见，从吕太后权力基础强大的角度来探求刘邦无法改立皇太子的理由，是较为妥当的。

---

① 关于光武帝改立皇后，可参见西川春华：《後漢光武帝期における皇后交替の背景について》，《大正大学大学院研究論集》1996 年第 20 号。

刘邦对吕太后势力的戒心

刘邦因废黜太子的风波认识到了吕太后及吕氏一族力量的强大。他神经越敏感，对吕太后的势力就越警惕。典型事例是樊哙被人密告"党于吕氏"，差点被杀。《史记》卷九十五《樊哙列传》载：

> 其后卢绾反，高帝使哙以相国击燕。是时高帝病甚，人有恶哙党于吕氏，即上一日宫车晏驾，则哙欲以兵尽诛灭戚氏、赵王如意之属。高帝闻之大怒，乃使陈平载绛侯代将，而即军中斩哙。

这一史料虽然没有明确记载樊哙是否真的与吕氏一党，但重要的是刘邦相信此事，并打算立即处死樊哙。樊哙与刘邦从年轻时就是好友，刘邦被秦始皇的军队追捕时，二人一起逃窜于芒砀山。[①]在项羽的鸿门宴上，樊哙也曾拼命保护刘邦。[②]此外，刘邦生病时樊哙

---

①《史记》卷九十五《樊哙列传》："舞阳侯樊哙者，沛人也。以屠狗为事，与高祖俱隐。"

②《史记》卷九十五《樊哙列传》："时独沛公与张良得入坐，樊哙在营外，闻事急，乃持铁盾入到营。营卫止哙，哙直撞入，立帐下。项羽目之，问为谁。张良曰：'沛公参乘樊哙。'项羽曰：'壮士。'赐之卮酒彘肩。哙既饮酒，拔剑切肉食，尽之。项羽曰：'能复饮乎？'哙曰：'臣死且不辞，岂特卮酒乎！且沛公先入定咸阳，暴师霸上，以待大王。大王今日至，听小人之言，与沛公有隙，臣恐天下解，心疑大王也。'项羽默然。沛公如厕，麾樊哙去。既出，沛公留车骑，独骑一马，与樊哙等四人步从，从间道山下归走霸上军，而使张良谢项羽。项羽亦因遂已，无诛沛公之心矣。是日微樊哙奔入营谯让项羽，沛公事几殆。"

也因为过于担心而打破禁令，带领大臣们入宫。[①]而刘邦去世前，也是让樊哙任相国，代替自己率军讨伐燕国。由此可见，刘邦对樊哙非常信任。尽管如此，刘邦一听到樊哙“党于吕氏”，就立即相信，乃至于要处死这位多年的盟友。由此可见，刘邦对吕太后的势力极为警觉。

刘邦去世后，吕太后能在包括少帝时期在内的15年间一直掌权，其背景可以说正是她所具有的这种权力基础。

小　结

对吕太后的权力基础而言，她作为刘邦嫡妻的身份非常重要。不言而喻，嫡妻身份是她的权力源泉，但这个身份仅为吕太后提供了开展政治活动的资格，并不能保证她在建国初期复杂的政治形势中继续掌权。此外，在惠帝去世后，对军权的掌握确实加强了吕太后的统治，但能够掌握军权是因为她已经建立起了强大的权力基础。

从本章的分析可见，吕太后在西汉建立之前几乎没有功绩，而是凭借长兄周吕侯吕泽的军事力量获得了皇后的地位。西汉建立后，刘邦频繁且长期不在长安，使吕太后有机会直接参与国政，在这一过程中，她的能力与权威得到了大臣的认可，并与大臣建立起

①《史记》卷九十五《樊哙列传》：“先黥布反时，高祖尝病甚，恶见人，卧禁中，诏户者无得入群臣。群臣绛、灌等莫敢入。十余日，哙乃排闼直入，大臣随之。上独枕一宦者卧。哙等见上流涕曰：‘始陛下与臣等起丰沛，定天下，何其壮也！今天下已定，又何惫也！且陛下病甚，大臣震恐，不见臣等计事，顾独与一宦者绝乎？且陛下独不见赵高之事乎？’高帝笑而起。”

了很强的信赖关系，这就是吕太后的权力基础。不过，即使吕太后有了自己的权力基础，但很显然，在刘邦死后，她失去了后盾。进而言之，惠帝去世后，吕太后的处境就更为艰难了。在这种形势下，吕太后是如何统治西汉的？为了解答这个问题，有必要研究在权力结构中具有重要影响力的军队。本书的下一章，就将讨论当时的南北军。

贰

第二章

汉初的南北军

探讨古代社会的权力结构，军队是不可忽视的。不言而喻，在皇帝的统治体系中，军队的存在方式对权力结构影响巨大。尤其在政治局势不稳定的吕太后时期，掌握军队对维持权力不可或缺。故无须赘言，明晰西汉初期军队的实际情况，对揭示当时的权力结构与吕太后的权力基础具有重要意义，是探究西汉政治、军事实际状态的第一步。

西汉初期，都城长安内有两支军队，名为南北军。自宋代以来，中国及域外学者就对南北军展开了众多讨论。不过，这些讨论都只局限在军事史领域，南北军与政治史的关系尚未受到学界的关注。并且，即便在军事史研究中，对西汉南北军的许多重要问题也没有达成一致的见解。例如，南北军究竟是怎样的军队？分别驻扎在长安城何处？发挥怎样的作用？这些基本问题都尚不明确。导致这些分歧的原因之一自然是相关史料的缺乏，不过学界对现存史料的探讨也不算充分。

本章将探讨刘邦时期至文帝时期南北军的驻扎位置及其作用，阐明吕太后时期军队的实际情况，并以此解释吕太后的统治方式。为了达成上述目标，首先需要研究与南北军相关的必要基础史料。

南北军的基础史料

西汉南北军的基础史料，主要见于《史记》《汉书》。本节为了展示史料的全貌，首先将既往研究中使用的史料全部列出。另外，为了方便讨论，用数字与字母对史料加以标注。

史料 1 天下既定，踵秦而置材官于郡国，京师有南北军之屯。(《汉书》卷二十三《刑法志》)

史料 2 ［吕太后八年（前 180 年）］七月中，高后病甚，乃令赵王吕禄为上将军，军北军；吕王产居南军。吕太后诫产、禄曰："高帝已定天下，与大臣约，曰'非刘氏王者，天下共击之'。今吕氏王，大臣弗平。我即崩，帝年少，大臣恐为变。必据兵卫宫，慎毋送丧，毋为人所制。"(《史记》卷九《吕太后本纪》)

史料 3 ⓐ［吕太后八年］八月庚申旦，平阳侯窋行御史大夫事，见相国产计事。郎中令贾寿使从齐来，因数产曰："王不蚤之国，今虽欲行，尚可得邪？"具以灌婴与齐楚合从，欲诛诸吕告产，乃趣产急入宫。ⓑ平阳侯颇闻其语，乃驰告丞相、太尉。太尉欲入北军，不得入。襄平侯通尚符节，乃令持节矫内太尉北军。太尉复令郦寄与典客刘揭先说吕禄曰："帝使太尉守北军，欲足下之国，急归将印辞去，不然，祸且起。"吕禄以为郦兄不欺己，遂解印属典客，而以兵授太尉。太尉将之入军门，行令军中曰："为吕氏右袒，为刘氏左袒。"军中皆左袒为刘氏。太尉行至，将军吕禄亦已解上将印去，太尉遂将北军。然尚有南军。平阳侯闻之，以吕产谋告丞相平，丞相平乃召朱虚侯佐太尉。ⓒ太尉令朱虚侯监军门。令平阳侯告卫尉："毋入相国产殿门。"ⓓ吕产不知吕禄已去北军，乃入未央宫，欲为乱，殿门弗得入，裴回往来。ⓔ平阳侯恐弗胜，驰语太尉。太尉尚恐不胜诸吕，未敢讼言诛之，乃遣朱虚侯谓曰："急入宫卫帝。"朱虚侯请卒，太尉予卒千余人。入未央宫门，遂见产廷中。ⓕ日餔时，遂击产。产走。天风大起，以故其从官乱，莫敢斗。逐产，杀之郎中府吏厕中。ⓖ朱虚侯已杀产，帝命谒者持节劳朱虚侯。朱虚侯欲夺节信，谒者不肯，朱虚侯则从与载，因节信驰走，斩长乐卫尉吕更始。还，驰入北军，报太尉。太尉起，拜贺朱虚侯曰："所患独吕产，今已诛，天下定矣。"(《史记》卷九《吕太后本纪》)

史料4 ［文帝元年（前179年）］乃夜拜宋昌为卫将军，镇抚南北军。以张武为郎中令，行殿中。(《史记》卷十《孝文本纪》)

史料5 ［文帝二年（前178年）十一月］今纵不能罢边屯戍，而又饬兵厚卫，其罢卫将军军。(《史记》卷十《孝文本纪》)

史料6 ［武帝征和二年（前91年）］太子召监北军使者任安发北军兵，安受节已，闭军门不肯应太子。太子引兵去，欧四市人凡数万众，至长乐西阙下，逢丞相军，合战五日。(《汉书》卷六十六《刘屈氂传》)

史料7 城门校尉掌京师城门屯兵，有司马、十二城门侯。中垒校尉掌北军垒门内，外掌西域。屯骑校尉……凡八校尉，皆武帝初置，……秩皆二千石。(《汉书》卷十九上《百官公卿表》)

史料8 更为卫将军，两宫卫尉，城门、北军兵属焉。(《汉书》卷五十九《张汤传》)

史料 9 ⓐ郎中令，秦官，掌宫殿掖门户，有丞。武帝太初元年更名光禄勋。ⓑ卫尉，秦官，掌宫门卫屯兵，有丞。……长乐、建章、甘泉卫尉皆掌其宫，职略同，不常置。ⓒ中尉，秦官，掌徼循京师。……武帝太初元年更名执金吾。属官有中垒、寺互、武库、都船四令丞。都船、武库有三丞，中垒两尉。……［郎中令、卫尉、中尉］秩皆中二千石，丞皆千石。（《汉书》卷十九上《百官公卿表》）

史料 1~5 记载了高祖时期至文帝时期的南北军沿革，史料 6~8 是武帝时期及此后北军的相关记述。自武帝时期开始，南军不再见于史料。史料 9 虽然与南北军没有直接关联，但是是既往研究中讨论南北军问题的辅助材料。

既往研究中关于南北军的 5 种观点及疑点

阅读史料 1 至史料 9 可知，驻扎于汉初长安城中的军队，除了南军、北军，还有中尉的“军”、卫尉[①]的“军”与郎中令的“军”。据史料 9 记载，郎中令的“军”主要负责宫殿的殿门及宫殿内的警备，卫尉的“军”主要负责未央宫宫城的城门及宫城内的警备，中尉的“军”负责未央宫宫城之外长安城内的治安。[②]围绕南北军与

① 本章依照《汉书》所载，除特别注明外，“卫尉”仅指未央宫的卫尉。

② 滨口重国：《前漢の南北軍について》，《秦漢隋唐史の研究》上卷，东京大学出版会，1966 年。不过关于中尉的军队，笔者与滨口的观点不同。详见正文。

中尉“军”、卫尉“军”和郎中令“军”的关系，可大致整理为以下5种观点。

观点1 南军为卫尉与郎中令之军，北军为中尉之军

该观点见于马端临完成于元代的《文献通考》，其具体论据如下（为方便讨论，在原文内标注数字序号）：

> （1）京师有南、北军之屯（《汉旧仪》：“殿外门署卫尉，殿内郎署，属光禄勳，南军也。”）。南军，卫主之，掌宫城门内之兵。
>
> （2）《百官表》：“卫尉掌宫门卫屯兵。”而高后纪言周勃既入北军，尚有南军，乃令平阳侯告卫尉，无纳吕产。时吕禄为将军，掌北军。产为相国，掌南军。太尉已入北军，尚有南军，故未敢讼诵言诛产。已告卫尉，毋纳相国产殿门。产欲入未央宫为乱，弗得入，盖产所将南军，当在殿庐之内。
>
> （3）及宣帝用张安世为卫将军，两宫卫尉，城门、北军兵属焉。不言南军，盖卫即南军也。
>
> （4）戾太子变，时京师兵尽发，独不闻发南军，盖卫士从上在甘泉故也。以此知南军为宫城兵，而卫尉主之。（《文献通考》卷一百五十《兵考二》）

上述论据中，（1）属于马端临的引证失误。滨口重国已指出，《汉旧仪》无“南军也”三字。[①] 论据（2）认为，吕产为发动叛乱，

---

① 滨口重国：《前漢の南北軍について》，《秦漢隋唐史の研究》上卷，东京大学出版会，1966年。

打算进入未央宫内，故吕产率领的南军也应该在未央宫内。这一推论未必具有说服力。因为未央宫是少帝居住的地方，因此即便南军在未央宫外，只要吕产不知道吕禄已放弃北军，无论事态如何紧急，他都应该进入未央宫辅佐少帝。故不能因为吕产想进入未央宫就断言南军在未央宫内。又论据（3）和论据（4）引用了史料 6 和史料 8（第 47 页），对于南军为何没有被提及，论据（3）中称"卫即南军"，论据（4）中认为南军可能随皇帝一起前往了长安城外，但只是推测。此外关于论据（3），如果马端临所云"卫即南军"的"卫"的确是南军，那为何班固不在史料 8 中直接写为"南军"，而写成"两宫卫尉"？马端临的观点无法解释这一点。并且，史料 8 为宣帝时期的史料，比论据（2）所述诸吕之乱晚了 100 多年。在这百年间，经过文帝、武帝的改革，国家的政治、军事制度发生了很大变化，尤其是武帝时期采取了军事扩张路线，故而军队的设置与西汉初期相比，很可能发生了根本性变化。无视这种情况，直接依据宣帝时期的史料来解释整个西汉时期的制度，无疑缺乏说服力。[①]

综上所述，马端临观点的论据存在很大问题。不过，即便存在上述缺陷，这一观点在南北军的研究上仍具有开创性。其他诸种观点都是在修正马端临这一观点的基础上产生的。下文中的观点 2 就是典型之例。

---

① 关于北军，马端临在《文献通考》中记载："《百官表》：'中尉，秦官，掌巡徼京师，属官有中垒、寺互、武库、都船四令丞。又有式道左右候、候丞及左右京辅都尉、尉丞兵卒皆属焉。'是中尉所职，乃巡徼京师，以此知北军为京城兵，而中尉主之也。"一眼可知，上述文字并没有清晰说明北军为何是中尉军。故马端临对该问题没有深入讨论。

观点 2 南军为卫尉之军，北军为中尉之军

观点 2 大致沿袭观点 1 的同时，批判了观点 1 中对郎中令的认识，其思路如下。如史料 4（第 47 页）所见，文帝入宫后统率南北军的是卫将军宋昌，殿中警备则由郎中令张武负责。由此可见，南北军与郎中令分属不同军队。因此，南军不包括郎中令的“军”，只由卫尉的“军”构成。该说法历来几乎是史学界的通论。从宋代的山斋易①，到当代中国研究者劳榦②、孙惺棠③、黄今言④，日本研究者滨口重国⑤、西嶋定生⑥，对南北军都作如此理解。

观点 2 中，依据史料将郎中令的“军”从南北军中剥离出来这一点值得参考，不过对南军、北军位置的理解依然存在问题。许多研究者着眼于南北军的驻扎地点，从未央宫位于长安城西南这一点出发，将卫尉的“军”论证为南军。的确，南北军是以地理位置来命名的，不过仅依据此点并不能直接得出卫尉的“军”就是南军的结论。在当时，长安城中的重要宫殿仅有未央宫与长乐宫，但长乐宫在长安城的东南。如果北军是驻扎在北面，南军是驻扎于未央宫的卫尉之军，那么长乐宫的警备如何保证？正如后文所述，刘邦死

---

① 见《文献通考》卷一百五十《兵考二》。

② 劳榦：《论汉代的卫尉与中尉兼论南北军制度》，《劳榦学术论文集甲编》下册，艺文印书馆，1976 年。

③ 孙毓棠：《西汉的兵制》，《中国社会经济史集刊》1937 年第 5 卷第 1 期。

④ 黄今言：《秦汉军制史论》第三章，江西人民出版社，1993 年。

⑤ 滨口重国：《前漢の南北軍について》，《秦漢隋唐史の研究》上卷，东京大学出版会，1966 年。

⑥ 西嶋定生：《秦漢帝国：中国古代帝国の興亡》（《秦汉帝国：中国古代帝国之兴亡》，社会科学文献出版社，2017 年），讲谈社，1997 年。

于长乐宫，吕太后也一直居住在那里。所以，长乐宫也应该有负责警备的军队。观点 3 就是从这个角度产生的。

观点 3 南军为未央宫卫尉之军，北军为长乐宫卫尉之军

这一观点最早由清代的俞正燮提出。[①]泷川资言在《史记会注考证》中引用了这一观点，其相关论据概要如下：

> （1）未央宫在长安城西南，因此未央宫卫尉的军队是南军；长乐宫在长安城东，因此长乐宫卫尉的军队是北军。[②]
>
> （2）史料 2 中吕太后对吕禄、吕产说"必据兵卫宫，慎毋送丧"，表明南北军具有两宫守备军的性质。
>
> （3）史料 3 中周勃入北军云"为吕氏右袒，为刘氏左袒"，是因为北军本就是吕太后的警卫。吕太后住在长乐宫，北军必然是长乐宫卫尉的"军"。此外吕产率领南军，作为相国辅佐少帝，少帝住在未央宫，则吕产也应该在未央宫，故南军无疑是未央宫卫尉的"军"。

上述观点中的论据（2）是非常富有启发性的见解，在当今的研究中依然值得予以重视。的确，根据吕太后的遗言，可以大致确认南北军作为守备军的特性。然而如下文所述，论据（1）为主张观

---

① 俞正燮：《癸巳类稿》，四库全书版。

② 俞正燮认为，长乐宫虽然在东边，但位置比未央宫稍北，故才会有如此说法。但即使存在这一理由，如后面所论，长乐宫的"军"也并非北军。

点 4 的贺昌群所批判。[①]贺昌群认为，未央宫与长乐宫东西并列，如果守备军按照宫城的位置命名，那么不应该是南北军，而是东西军。此外，论据（3）也有讨论的余地。对吕太后而言，未央宫与长乐宫同样重要，甚至更重要（从吕太后最后死于未央宫也可看出这一点），保卫未央宫的军队与保卫长乐宫的军队一样，都需要忠于吕太后。因此，见于史料 3ⓑ（第 46 页）的“左右袒”抉择，并非由于北军是负责守卫吕太后所居长乐宫的军队才让他们这样做的，对于守卫未央宫的军队当也有同样要求。

此外，正如下文中主张观点 5 的杨鸿年指出的那样，[②]如果将北军理解为长乐宫卫尉的“军”，就会与史料 3ⓖ（第 47 页）产生矛盾。即周勃的北军与长乐宫卫尉吕更始的北军究竟是什么关系？如果都是北军，朱虚侯刘章进入长乐宫就等于进入了北军，那他杀了吕更始之后又回到北军的记述该如何理解？如此一来，观点 3 就与史实矛盾了。因此，便出现了同样从重视长乐宫这一角度出发的观点 4。

观点 4　南军为长安城南部之军，北军为长安城北部之军

贺昌群在《汉初之南北军》中认为，南军是未央宫与长乐宫卫尉的军队，即长安城南部的军队；北军是中尉的军队，即长安城北部的军队。[③]小仓芳彦也持这一观点。[④]贺昌群指出，南军应该不

① 贺昌群:《汉初之南北军》,《中国社会经济史集刊》1937 年第 5 卷第 1 期。

② 杨鸿年:《汉魏制度丛考》，武汉大学出版社，1985 年。

③ 贺昌群:《汉初之南北军》,《中国社会经济史集刊》1937 年第 5 卷第 1 期。

④ 小仓芳彦:《入門・史記の時代》，筑摩书房，1996 年。

只是护卫未央宫的军队，长乐宫也是其护卫对象。其主要论据是：（1）长安城以未央宫与长乐宫为轴心，分为南北；（2）据史料8（第47页）所云"两宫卫尉"，则南军不仅是未央宫的守备军，也是长乐宫的守备军；（3）结合史料7与史料9（第47~48页）关于中尉的记载，贺昌群认为"中垒校尉掌北军垒门。又云，中尉之属，有中垒令丞。则中垒校尉既为中尉之属官，而中尉所掌为北军审矣"，即中尉手下有中垒令丞，故贺昌群推测中垒校尉同样隶属于中尉，又由于中垒校尉掌管北军的垒门，因此北军也由中尉统辖。

下面，我想对贺昌群的论据加以讨论。关于论据（1），长安城的确以未央宫与长乐宫为轴心，分为南北两部分，但这并不能成为南北军一定如此配置的依据。关于论据（2），请参见观点1中论据（3）的相关讨论。至于论据（3），也存在逻辑上的问题：就算中尉的下属有中垒令丞，也不能证明中垒校尉隶属于中尉。《汉书》卷十九上《百官公卿表》中的"城门校尉"条载：

> 中垒校尉掌北军垒门内，外掌西域。……凡八校尉，皆武帝初置，有丞、司马。自司隶至虎贲校尉，秩皆二千石。

从这则史料与前文史料9ⓒ可以看出，中垒令丞与中垒校尉明显是不同的职务，没有任何证据表明中垒校尉隶属于中尉。因此，因中垒校尉掌管北军的垒门，就认为中尉的军队是北军，这是混淆中垒校尉与中垒令丞而形成的推论。事实上，中垒校尉是二千石的官职，而中垒令丞只有千石，两职的官阶全然不同。

前述4种观点虽各有不同，但在卫尉的军队是南军（或包含在南军中）这一点上一致。此外，在前述观点中，史料 3（第 46~47 页）被作为最重要的论据。然而，前述观点如果正确，反而不能很好地解释史料 3。笔者将史料 3 总结为 8 个要点，于下一节展开详细探讨。如果先说结论的话，针对史料 3，可以有完全不同的解释，并且是更具说服力的解释。

不过，前文的讨论仅指出了各种观点存在的问题，并不能直接判断各种观点是错误的。杨鸿年在其论著《汉魏制度丛考》中指出，以上诸说如果均正确，就会与史料 5（第 47 页）产生矛盾。[1] 因此，文帝二年（前 178 年）南北军就被废除。若如诸说所云，未央宫卫尉的军队是南军，中尉的军队或长乐宫卫尉的军队是北军，那么从文帝二年开始，未央宫与长乐宫，或者说长安城就没有守备军队了，而这是不可能的。因此，前述观点均有误。杨鸿年的观点则如下所述。

观点 5 南北军为野战军

杨鸿年的论点可归纳为 3 点：（1）南北军是野战军，有时与中尉、卫尉、郎中令互相合作，但没有从属关系；（2）西汉初期设立了作为野战军的南北军，但文帝入京时处于紧急状态，所以将原本为野战军的南北军作为守备军使用；（3）文帝在此后认为“饬兵厚卫”不好，于是废除南北军，此后南北军便一直不存，直到武帝时重建北军。

杨鸿年的论点（3）诚为卓见。鉴于直到东汉都有北军存在，因

① 杨鸿年：《汉魏制度丛考》，武汉大学出版社，1985 年。

此以往的各种说法都将北军与文帝以前的南北军视为同一种军队。从史料 4（第 47 页）可以看出，卫将军的军队是南北军，史料 5 中有"罢卫将军军"的记载，因此文帝二年（前 178 年）南北军被废止是很明显的事实。武帝时期开始，北军的名称再次出现，这恐怕是当时新设的军队，有很大可能与文帝二年以前的南北军并不相同。史料 4 和史料 5（第 47 页）是在迄今为止的研究中被忽略的材料。

那么，杨鸿年的论点（1）与论点（2）是否正确？杨鸿年试图整合并解释基础史料之间可见的矛盾，但其论证并不严密。首先，关于论点（1），并无史料表明南北军是野战军。此外，"野战军"是一个现代的概念，杨鸿年也没有说明西汉初期的"野战军"具体是怎样的军队。用现代概念来讨论西汉初期的军队，本身就容易引起误解。其次，就论点（2）而言，南北军作为守备军初次发挥作用不是在文帝进京的紧急时刻，根据史料记载，至少在吕太后统治末期，就已经用南北军作为守备军了。

此外，在汉代军事史的研究中，西汉初期不存在守备军以外的常备军，这一点是学界的共识。① 笔者想基于这样的共识，将南北军作为守备军展开讨论。

观点 1 至观点 4 共通的问题

在前文中，笔者分别指出了观点 1 到观点 4 的问题所在。此外，这 4 种观点也存在一些共通的问题，可归纳为如下 3 点。首先，如

---

① 重近启树：《秦漢の兵制について：地方軍を中心として》，《人文論集》1986 年第 36 卷。

杨鸿年指出的那样，这些观点均与史料 5 矛盾。其次，这些观点对卫尉、中尉和南北军的将军究竟是什么关系，均没有明确意见。既往研究将南北军与卫尉、中尉的军队相混淆，其职务范围也被视为与卫尉、中尉的职务范围完全相同。因此，在讨论南北军时，有时会出现卫尉、中尉的军队，有时会出现南军、北军等，十分混乱。特别是吕太后去世之前，吕禄与吕产成为南北军的将军，但他们与卫尉、中尉的关系究竟怎样，极其模糊。最后，如前所述，史料 3（第 46~47 页）是上述诸种观点的主要论据，但诸种观点实际并没有对史料 3 加以充分说明。在下文中，笔者想基于南北军是守备军这一认识，阐明诸种观点与史料 3 的矛盾之处，提出笔者自己的假说。

汉初南北军的真实情况

关于史料 3ⓐ

御史大夫平阳侯曹窋与相国吕产商议国事时，郎中令贾寿的使者前来敦促吕产尽快入宫。[①]这里的入宫指进入未央宫，可见当时吕产在未央宫外。而令人疑惑的是，尽管吕太后有“必据兵卫宫”的忠告，但身处灌婴与齐王联手这一极其危险的时期，相国吕产作为护卫未央宫的南军将领却不在自己的军中，而是身在未央宫之外，这是为何？

① 从《史记》与《汉书》中看不出郎中令贾寿是个怎样的人。郎中令负责未央宫宫殿的警备，故而他应该是吕太后亲信中的亲信。贾寿的使者进言让吕产早日入宫，应当是站在吕氏一族立场上的行为。

关于史料 3ⓑ

太尉周勃听说吕产要入宫，为了阻止吕产，想立刻进入北军，其原因何在？据前引诸种观点，北军是长安城或长乐宫的守备军，与守护未央宫的南军相比，与权力中枢存在一定距离。在此种紧急情况下，周勃首先要进入的不是易于控制皇帝、位于核心区的南军军营，而是位于未央宫外侧的北军军营。如果真是如此，那如何能够阻止吕产入宫？如果北军确为长乐宫的守备军，对周勃这样老练的军人、政治家而言，选择进入北军显然是不明智的政治行为。

此外，尽管皇帝年幼，但其权力与意志在当时的伦理观念中具有相当的权威。这种权威对身为皇帝叔父、处于权力巅峰的吕禄而言也不例外。周勃等人欺骗吕禄时打着皇帝的名义，吕禄相信这是皇帝的意志，于是交出了上将军的印章。换言之，周勃只要能控制住年幼的皇帝，就能轻易扳倒吕氏一族。当时，为了铲除吕氏一族，周勃等人擅自使用了北军的符节，但如果是这样，从一开始就拿出防御未央宫的南军的符节当更为合理。即便如此，周勃还是故意绕远路，这是为何？[①]

关于史料 3ⓒ

控制北军的周勃为何又能够指挥南军的卫尉？

---

① 当然，周勃等人可能认为吕禄比吕产更容易欺骗，或者是因为吕产已经开始行动，所以还是先拿下一无所知的吕禄所辖的北军比较有利。然而从后段所引史料可以看出，如果记载属实，就等于说保卫未央宫的"南军"卫尉背叛了吕产，全面配合与之没有统属关系的北军统帅周勃。如果是这样，周勃先拿下南军控制皇帝，再用符节从吕禄手中夺取北军的控制权好像更容易一些。

《史记》《汉书》均详细记载了周勃夺取北军的过程，与之相对，周勃如何应对南军的卫尉却毫无记录，并理所当然地写作："令平阳侯告卫尉：'毋入相国产殿门。'"由史料 3ⓑ（第 46 页）可见，吕太后死后，身为太尉的周勃不仅无法指挥军队，并且如果不伪造皇帝之节，就不能进入北军。也就是说，当时太尉这个职位本身没有任何实权。而后，周勃从吕禄手中骗取了将军印，才得以进入北军。此外，士兵们也完全不抵抗，按照周勃的命令"皆左袒为刘氏"。此时周勃的权威不是来自太尉的身份，而是来自上将军的身份。由此可见，在军队内部，序列和程序非常受重视。此外，尽管南北军之间没有事先联络的迹象，但南军卫尉跟随周勃，表明二者存在着某种上下级的关系。

关于史料 3ⓑ中的"然尚有南军"与史料 3ⓔ

史料 3ⓑ中记载的"然尚有南军"表明，周勃当时已控制北军，可以缓上一口气，但由于南军仍在吕产控制下，因此还不能安心。此外还可以看出，控制南军并非易事。

然而，如按照南军是守卫未央宫的军队这一普遍观点，南军卫尉过于轻易地背叛了吕产，似乎与"然尚有南军"一语的意思不符。一方面，南军将领吕产在无法进入自己控制的未央宫殿门的情况下，也意识不到自身所处状况的危险性与紧迫性，不对部下采取任何行动，只是在自己控制的殿门外徘徊，这是为何？另一方面，周勃在仅控制北军的情况下，就控制了南军。如果是这样，这场风波应该至此就结束了，但为何周勃"尚恐不胜诸吕，未敢讼言诛之"？如果按照一般观点来理解南军，此时吕产与周勃的行动均无法解释。

史料 3ⓓ的意义

这则史料暗示，如果吕产知道吕禄已经放弃北军，便不会进入未央宫。假设普遍的观点无误，那么吕产即便知道吕禄已放弃北军，仍然只身前往位于未央宫、由自己控制的南军。如此一来，“吕产不知吕禄已去北军，乃入未央宫”这句话在逻辑上就说不通了。

史料 3ⓔ的再思考

太尉周勃听说吕产入宫，便以保卫皇帝为借口令朱虚侯刘章入宫。如果前述诸观点是正确的，那么周勃根本没有理由命令不负责守卫未央宫的北军“急入宫卫帝”，他这么做，反而才是为“乱”的罪魁祸首。然而，实际上入宫的过程很顺利，刘章虽然率领千人规模的军队进入未央宫，但本应保卫皇帝的南军却没有任何抵抗，这是为何？

关于史料 3ⓕ

根据前述诸说，未央宫应是吕产的势力范围。但刘章杀死吕产时，宫中守卫无人保护吕产。吕产为何突然失去了所有部下？此外，吕产和曹窋商议国事在“旦”，即早上，而吕产被杀在“日餔时”，也就是下午 3 点到 5 点之间。在“旦”至“日餔时”期间，周勃等人稳步夺权，而此时吕产尚未进入未央宫。如果未央宫真的是吕产的势力范围，那吕产为何要在这种紧急情况下离开自己的军队如此之久？

关于史料 3⑧

刘章杀死吕产后，立即进入长乐宫杀死卫尉吕更始。从该史料可以看出，长乐宫的卫尉是吕更始。如果按照普遍的观点，长乐宫的军队是北军或北军的一部分，那周勃在已经控制北军的情况下，为何将吕氏家族的重要成员卫尉吕更始留到最后处死？反过来说，吕更始又为何对北军将军由吕禄变为周勃没有任何警惕与抵抗呢？尤其是听过史料 2（第 46 页）中记载的吕太后遗言，在世的吕氏一族应该对其余大臣及军队的动向非常敏感。因此，在北军将军替换为周勃时，吕更始肯定能注意到某种异常，向吕禄确认，与吕产商量。然而，吕更始没有任何警戒与抵抗的行为。

总之，诸种观点不但与史料 5（第 47 页）明显矛盾，也不能很好地解释这些观点所依据的史料 3（第 46~47 页）。因此，认为“卫尉的军队为南军，中尉的军队为北军”的诸种观点均有误。

从以上讨论可以看出，文帝就算废除了南北军，也不可能废除所有的守备军。因此可以认为，南北军是与卫尉的“军”、中尉的“军”不同的独立军队。此外，诸种观点均认为北军与未央宫完全没有关系，但这样一来就无法很好地解释史料 3。因此，北军与未央宫应该存在某种形式的关系。

综上所述，对南北军可以提出以下假设：此时的长安城，除了郎中令、卫尉、中尉各自的“军”，还另有位于两宫外侧的守卫军队——北军与南军。北军与未央宫卫尉的军队一起护卫未央宫，南军与长乐宫卫尉的军队一起护卫长乐宫。接下来，笔者计划从西汉初期长安城的状况与权力分配等角度验证该假设。

长安城的结构与两宫的重要性

据图 2-1，西汉时期长安城西侧有桂宫与未央宫，中部有北宫与武库，东侧有明光宫与长乐宫。据《三辅黄图校证》记载，桂宫、明光宫建于武帝时期；北宫规划于高祖时期，于武帝时期建成，为废后居所。①换言之，吕太后去世时长安城内的主要宫殿就是长乐宫与未央宫。西汉初期长乐宫与未央宫的使用情况如表 2-1 所示。

表 2-1　长乐宫、未央宫的使用情况

	长乐宫	未央宫
高祖时期	高祖	高祖
惠帝时期	吕太后	惠帝
少帝时期	吕太后	吕太后、少帝

长安城墙与南北军

长安本是一座没有城墙的都城。显而易见，没有城墙的都城极其危险，尤其是在西汉初期这种极不稳定的时期，危险更甚。②或许正因如此，吕太后与惠帝才决定建造城墙。而在城墙建成之前，仅靠卫尉各自的“军”来保护未央宫与长乐宫并不足够。因此可以推测，未央宫与长乐宫的外侧也设置了守卫的军队。其中，军营位于南面的被称为南军，位于北面的被称为北军。

---

① 陈直校证：《三辅黄图校证》，陕西人民出版社，1980 年。

② 关于长安城墙的防御功能，可参见赖惠敏：《西汉长安城的营建及其政治功能》，《台湾大学建筑与城乡研究学报》1981 年第 1 卷第 1 期。

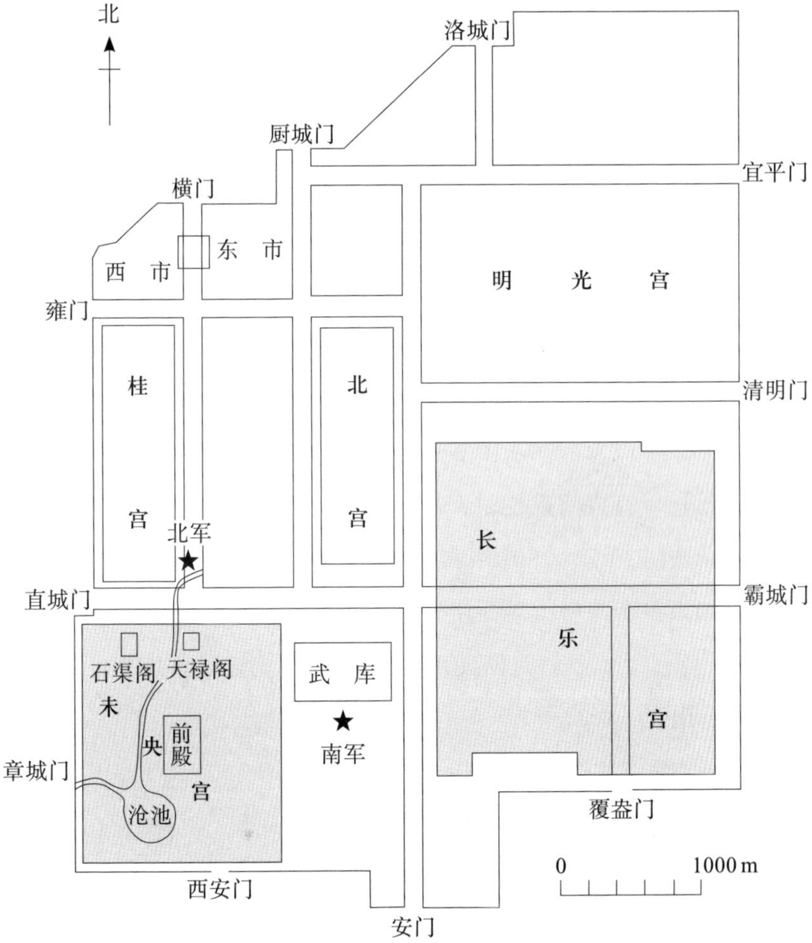

注：（1）★为笔者认为的南北军驻扎地。
（2）图中颜色稍深部分为吕太后时期存在的宫殿。

图 2–1　西汉时期的长安城[①]

① 据中国社会科学院考古研究所编著：《汉长安城未央宫：1980~1989 年考古发掘报告》，中国大百科全书出版社，1996 年；史念海主编：《西安历史地图集》，西安地图出版社，1996 年。

南北军的位置

《史记》卷八《高祖本纪》的"汉八年（前199年）"条有"萧丞相营作未央宫，立东阙、北阙、前殿、武库、太仓"的记载，则未央宫的东、北面有大门，西、南面则没有；并且东阙与北阙中的某一个是正门。[①]此外，在西汉初期，长安城中还有一个重要之地，那就是放置武器的仓库——武库。武库正好位于长乐宫与未央宫之间。因此，认为南北军中有一方驻扎在武库附近是妥当的。这样不仅可以注意未央宫、长乐宫、武库三个要地，还可以对长乐宫与未央宫之间的往来加以警戒。从图2-1可以看出，刘邦、吕太后及惠帝在未央宫与长乐宫之间来往时，可以利用贯通长安城的东西大道（直城门到霸城门），但离开未央宫的东阙，直接进入长乐宫的西便门则更近。如果皇帝与皇太后要走近路，于近路所在区域驻扎军队有利于警备。事实上，这一近路使用得很频繁。《史记》卷九十九《叔孙通列传》记载：

> 孝惠帝为东朝长乐宫，及间往，数跸烦人，乃作复道，方筑武库南。[②]

由于武库原本就位于长安城偏南侧，如要在其更南面再设一支

---

① 颜师古认为北面的宫门是正门，而中国社会科学院考古研究所编写的《汉长安城未央宫：1980~1989年考古发掘报告》（中国大百科全书出版社，1996年）则认为东面的宫门是正门。

② 从这一记载可以看出，惠帝使用的是天桥通道（复道）。不过出于安全考虑，即便是这种道路，两侧也需要布置充分的警卫。

军队，不太符合常识。因此，笔者推测驻扎在武库附近的是南军，另一支军队应该驻扎于南军以北。如前所述，当时长安城北半部的宫殿较少，因此有足够的空间供军队驻扎。但是，军队驻扎在远离未央宫与长乐宫的地方是没有意义的，因此一定在两宫附近，即未央宫或长乐宫的北边。从前文的分析可以看出，北军与未央宫存在密切联系，因此北军很有可能驻扎在未央宫的北面。北军如此部署，不仅能够关注到未央宫，还能够关注到长乐宫。此外，从长乐宫西门往西的大街也是北军的警戒范围。[1]这样一来，未央宫的卫尉与驻扎在未央宫北面的北军一起护卫未央宫，驻扎在武库附近的南军与长乐宫的卫尉一起护卫长乐宫。

这一点也可以从丞相府的位置得到间接确认。《汉官六种》所收《汉官典职仪式选用》载：

> 司徒本丞相官，哀帝改为大司徒，主司徒众……府与苍龙阙对，厌于尊者，不敢称府也。

此外，《雍录》卷二“东阙北阙”条所引《关中记》载：

> 未央东有苍龙、北有元武阙，元武阙即北阙已。[2]

可见丞相府显然在未央宫之外，并且因为“府与苍龙阙对”，所

---

① 从史料 6（第 47 页）中的“长乐西阙”可以看出，长乐宫西侧也有门。

②“元武”即“玄武”，清刻本避玄烨讳，故改“玄”为“元”。——译注

以正好位于长乐宫与未央宫之间，靠近南军驻地。吕太后死前令相国吕产指挥南军，就地理位置来考虑也就说得通了。

此外，以下史实也可有力证明北军是未央宫的守备军：文帝即位后不久，周勃被免相就国。又过了一段时间，周勃因涉嫌谋反被捕。文帝之母薄太后为周勃辩护，对文帝说道：

> 绛侯绾皇帝玺，将兵于北军，不以此时反，今居一小县，顾欲反邪！（《史记》卷五十七《绛侯周勃世家》）

薄太后所云"绛侯绾皇帝玺，将兵于北军"，显然是指吕氏一族被杀、文帝即位之前的那段时期。拥有皇帝玺意味着在皇帝身边，所谓的"将兵于北军"则是说率领北军在皇帝周围警备。这则史料可以说是显示南北军功能的直接证据，却在此前的研究中一直被忽视。

由以上分析，笔者对南北军位置、功能的看法与普遍观点不同，认为北军极有可能是未央宫外侧的守备军，南军很有可能是长乐宫外侧的守备军。那么，从这一假设出发，"诸吕之乱"中的各种动向究竟能够被合理地解释到什么程度？前述诸种观点的矛盾又能消除到什么程度呢？

复原"诸吕之乱"

本节笔者希望从关于南北军的假设出发，部分复原史料 3（第 46~47 页）记载的"诸吕之乱"具体过程。为方便起见，现将事件经过分为 6 个部分，分别回应既往研究存在的诸多问题。

史料 3ⓐ

吕产是相国，也是守卫长乐宫的南军将军，所以在相国府或南军驻地与御史大夫商议国事。因为该地位于未央宫外侧，所以郎中令贾寿的使者前来，催促吕产速速进入未央宫。

史料 3ⓑⓒ

周勃听说吕产要进入未央宫，为了阻止吕产，于是打算进入驻扎在未央宫外侧的守卫部队北军的军门。周勃虽是太尉，但不是北军的将军，无法进入。于是周勃先从吕禄那里骗取了北军的将军印，完全控制北军，而后通过平阳侯命令身为北军将军下属的未央宫卫尉"毋入相国产殿门"。[①] 未央宫卫尉服从自己的上级，即北军将军周勃的命令，在殿门拦下吕产。

史料 3ⓓ

此时，吕产能够采取的行动有二。一是吕禄仍为北军将军，未央宫仍在自己的势力范围内，故入宫是顺理成章的选择。这样一来，既可以与吕禄共商对策，也可以在权力中枢控制少帝。二是如果吕产知道吕禄已经放弃北军，则入宫是极危险之事，他应当前往负责护卫长乐宫、由自己控制的南军。"吕产不知吕禄已去北军，乃入未央宫"所言吕产的动向，正合于此。吕产因完全不知吕禄放弃了北军，所以

① 平阳侯曹窋虽居于御史大夫的高位，但由于他是曹参之子，因此对周勃等人而言是可靠的伙伴。正由于此，在"诸吕之乱"的过程中，平阳侯曹窋积极奔走于周勃、陈平等功臣之间。此外，周勃通过曹窋命令卫尉"毋入相国产殿门"除了基于以上理由，作为三公的曹窋级别更高，可以调动九卿卫尉，也是可能的原因之一。

误入未央宫，在殿门外被拦住。由于守护未央宫的卫尉不是自己的部下，因此吕产没能进入殿门虽令人费解，但并非完全不能接受。吕产只是没想到吕禄在没和自己打招呼的情况下就放弃了北军。

史料 3ⓔ

此时，吕产仍拥有能与北军抗衡的南军及长乐宫卫尉的军队。因此，吕产有可能率领南军发起反击。周勃警惕于此，所以“未敢讼言诛之”。此外，尽管卫尉成了北军将军周勃的部下，但周勃恐怕并未完全信任未央宫的卫尉。因为卫尉一职非常重要，只有吕太后信任的人才能就任这个职位。原本属于吕氏一族亲信的卫尉见到在殿门外徘徊的吕产，情况难料。于是，周勃以保卫皇帝为借口，让憎恨吕氏一族的刘章入宫。北军有保卫皇帝的职责，故该借口可以作为理由。此外，刘章率领的千余人与卫尉的军队都由周勃指挥，因此刘章入宫并没有受到阻拦。

史料 3ⓕ

当天早晨，贾寿的使者敦促吕产尽快入宫，但吕产并没有立刻入宫。吕产在此期间究竟在做什么，史料并未记载，但直到下午，他才带着随从来到未央宫。刘章要杀吕产时，由于未央宫卫尉的军队并非吕产的部下，因此无人帮助吕产，也就不奇怪了。

史料 3ⓖ

长乐宫是南军的守备范围，率领北军士兵的刘章在没有皇帝许可的情况下无法进入。因此，刘章杀死吕产后，强行坐上了持有皇帝符节的谒者之车，进入长乐宫杀死卫尉吕更始。随后，刘章再次回到北军，向周勃报告吕产等人已被杀死，周勃才终于放下心来。因为只有杀死南军的长官吕产及其部下长乐宫卫尉吕更始，才能够完全掌握南军。

从上述过程来看，笔者对南北军的假设成立。那么，西汉初期都城长安的军事力量究竟是如何构成的？南北军与中尉的军队是什么关系？上将军、太尉、郎中令、卫尉、中尉等军队长官彼此又是什么关系？此外，确定南北军的驻地与职务，对阐明当时的权力结构有何意义？接下来，笔者将讨论这些问题。

西汉初期长安的军事力量

郎中令与中尉

郎中令的“军”是皇帝的亲卫队，他们与普通士兵不同，是有官职在身的人。[①] 从职务与身份的特殊性可以看出，郎中令的“军”完全独立于其他军队，直接按照皇帝的命令行动。关于此点，并无重新讨论的必要。

比较重要的是中尉。在既往研究中，中尉一职被认为与卫尉具有同样特性，统率北军。[②] 其主要依据，除了既往研究举出的理由，

---

① 滨口重国：《前漢の南北軍について》，《秦漢隋唐史の研究》上卷，东京大学出版会，1966 年。

② 武帝时期的史料也经常被用作支撑这一观点的论据，但如笔者在第 55~56 页指出的那样，西汉初期的北军与武帝时期的北军在性质、架构上可能有很大不同，因此武帝时期北军的相关史料不能作为探讨西汉初期北军的论据，这里便不再列举武帝时期北军的相关史料。

以下史料也颇受研究者重视。《汉书》卷一《高帝纪》中的"高祖十一年（前 196 年）"条载：

> 秋七月，淮南王布反。……上乃发上郡、北地、陇西车骑，巴蜀材官及中尉卒三万人为皇太子卫，军霸上。

多数既往研究均认为这则史料中的"三万人"都是属于中尉的军队。[①] 按照推测，"三万人"在当时的长安城算是规模相当大的军队，如此大规模的军队必定是守备军。但显然，这种解释属于误读。在语法上，动词"发"的宾语是"卒三万人"，但这"三万人"的定语则是"上郡、北地、陇西车骑，巴蜀材官及中尉"。因此，这里的"三万人"除了中尉的军队，还包括其他的地方军队，合起来达到了"三万人"。又《史记》卷十《孝文本纪》载：

> [三年（前 177 年）五月] 匈奴入北地……匈奴去，发中尉材官属卫将军军长安。

文帝二年（前 178 年），南北军被撤销，但文帝三年时，由于匈奴进犯边境，为保护都城安全，征发中尉之"军"置于卫将军的指挥之下。由此也可以明确，中尉之"军"与卫将军的军队是不同的两支军队。

---

① 见第 52 页注释②，以及孙毓棠：《西汉的兵制》，《中国社会经济史集刊》1937 年第 5 卷第 1 期。

综合这两则史料，可以清晰看出，中尉的军队原本并非长安城的守备军。因为如果中尉之“军”是长安城的守备军，那刘邦或文帝就不必特意征召中尉的军队了。正是由于中尉之“军”与守备军的性质不同，所以在兵力不足的时候，才将中尉之“军”分配给守备军。这也侧面证明了本章前文的结论：中尉之“军”不属于南北军。那么，中尉之“军”究竟是一支怎样的军队？

《汉书》卷十九上《百官公卿表》中的“中尉”条载：

> 中尉，秦官，掌徼循京师。

关于其职务内容，如淳的注释云：

> 所谓游徼，徼循禁备盗贼也。

由此可见，中尉的职责是维持都城治安，属于类似警察的角色，并非长安城的守备部队。对这一点，很多研究者也都认可。但问题是，由于对前述中尉相关史料的误读，以及对南北军角色产生的混乱，截至目前的多数研究均认为，中尉之“军”除了负有作为警察的职责，还负有作为守备军的职责，并且更强调后者的作用。而在《史记》与《汉书》中，还有一些关于中尉职责的相关记载。例如，《史记》卷一百一十八《淮南衡山列传》中，大臣弹劾淮南王刘长的文章开头云：

> 丞相臣张仓……备盗贼中尉臣福昧死言……

这条记载明确地说是"备盗贼中尉"，而不是"守备"中尉。此外，景帝时期有中尉郅都讯问废太子临江王刘荣一事；之后的武帝时期，中尉监察地方诸侯王的情况也很多见。这些事例均表明中尉的职责类似警察。不过，也有中尉担任守备军的例子，例如《史记》卷十《孝文本纪》载：

> 十四年（前 166 年）冬，匈奴谋入边为寇……上乃遣三将军军陇西、北地、上郡，中尉周舍为卫将军，郎中令张武为车骑将军，军渭北，车千乘，骑卒十万。

不过，这属于紧急情况下的应急措施，不能用来说明日常情况。因此就实际而言，中尉本职类似于警察，但在非常时期也协助长安城的防卫。[①] 总而言之，对中尉的职责，有必要加以重新审视。

相国与上将军

既往研究普遍认为，吕太后位于权力顶端，以长乐宫为中心，通过控制未央宫而号令天下。[②] 然而，通过明确南北军的位置和作用，可以看出长乐宫并非政治中心。

---

① 既往研究认为，中尉作为都城长安仅有的两个守备军指挥官之一，职位非常重要。然而从本章的研究可见，中尉相当于治安系统的警察长官，在当时的政治结构中并没有那么重要。现存史料中，也只有高祖后期的中尉戚鳃见于记载，此后惠帝、吕太后时期的 15 年间的中尉是谁，并没有史料提及。

② 李开元：《漢帝国の成立と劉邦集团：軍功受益階層の研究》，汲古书院，2000 年。

吕太后在死前任命吕产为相国，指挥南军；任命吕禄为上将军，指挥北军。那么，统率南军的吕产与统率北军的吕禄相比，谁的地位更高呢？接下来，笔者将通过聚焦史料中人名记载的顺序，切近此问题。

在《史记》《汉书》中，一般是按“张耳→陈馀”的顺序排列两人，而《史记》卷八十九《张耳陈馀列传》载：

> 武臣……遂立为赵王，以陈馀为大将军，张耳为右丞相。

这里“大将军陈馀→右丞相张耳”的排列顺序，可能表明大将军的地位高于右丞相。此外，据《史记》卷九《吕太后本纪》载，惠帝死后，侍中张辟彊云：

> 君今请拜吕台、吕产、吕禄为将。

由此可见，在吕氏一族的排序中，吕产原本排在吕禄之前。但在吕太后临终之际，吕禄因被任命为上将军，反而排在了吕产的前面：

> 乃令赵王吕禄为上将军，军北军；吕王产居南军。（《史记》卷九《吕太后本纪》）

这至少意味着在形式上，吕禄的地位高于吕产。那么，南北军的顺序是否也可以作同样理解？在中国，人们阐述方位时习惯按照南北的顺序说，在指代南军与北军时，也是按照“南北军”这样先南后北的顺序。不过，在上引史料中，反而是"北军→南军"的顺序，这或许暗示了北军更为重要。[①]

由此可以判断，北军比南军重要，上将军比相国地位高。"诸吕之乱"时，周勃之所以先夺北军军权，也是为了控制皇帝、获得拥有很大权限的上将军印。

那么，北军比南军重要意味着什么？笔者以为，这表明未央宫比长乐宫重要。也就是说，虽然吕太后生前居住在长乐宫，但政治中心依然是未央宫。可以认为，吕太后是辅佐少帝，在皇帝权威的基础上施政。这一点也能从吕太后意味深长的遗言中看出。《史记》卷九《吕太后本纪》记载，吕太后去世前对吕禄和吕产说道：

> 我即崩，帝年少，大臣恐为变。必据兵卫宫，慎毋送丧，毋为人所制。

吕太后担心由于皇帝年少，没有足够的实力压制大臣，大臣们发动叛乱。反过来说，皇帝如果并非年少，那就能够压制住大臣，把控住政局。从这一遗言可以看出，吕太后非常希望能够确立少帝的权威。此外，周勃从吕禄手中骗取北军时借用了少帝的名义，而

---

① 关于顺序的问题，记载汉代史事的《汉书》与《史记》的写法相反，是以相国先、上将军后的顺序书写。这种写法不单单存在于吕氏一族的相关史料中。例如景帝时期吴楚七国之乱的相关记载，《史记》卷十一《孝景本纪》作"上乃遣大将军窦婴、太尉周亚夫将兵诛之"。与之相对，《汉书》卷五《景帝纪》载："遣太尉亚夫、大将军窦婴将兵击之。"自西汉开国至武帝时期的历史，《汉书》的内容与《史记》大致相同。班固之所以特意调整写法，恐怕是由于东汉时大将军或上将军的地位已然下降。因此，本书采纳《史记》的记载。

吕禄没有任何抵抗就服从了。由此可见，尽管皇帝年幼，但当时处于权力顶峰的吕禄也不得不服从皇帝的意愿。

毋庸置疑，皇帝所具有的权威不是在吕太后去世后突然出现的，而是吕太后在世时她努力树立的。因为吕太后自己并未称帝，只是“临朝称制”。这个“朝”在名义上是皇帝的朝，“临朝”处理政事自然也是在未央宫办公。事实上，吕太后最终也是在未央宫去世的。这绝非偶然，而是在充分考量未央宫政治分量的基础上做出的选择。就此点来看，当时的权力中心并非普遍认为的长乐宫，而是未央宫。这一事实，也可从以下史料中得到确认。《史记》卷九《吕太后本纪》载：

> 左丞相不治事，令监宫中，如郎中令。食其故得幸太后，常用事，公卿皆因而决事。

又，《史记》卷五十六《陈丞相世家》载：

> 食其亦沛人。……幸于吕太后。及为相，居中，百官皆因决事。

这两则史料中“左丞相不治事，令监宫中”的“宫中”显然是指未央宫。[①] 此外，“居中”的“中”，也明显意味着“禁中”。所谓“禁中”，是指天子居住的地方，也就是皇帝居住的宫殿。“居中，百

① 如果该宫是长乐宫，则或许不应该写成“令监宫中”，而应写成“令监长乐宫中”。

官皆因决事"指审食其在未央宫中处理政务。

从这些史料亦可看出，尽管少帝年幼、吕太后"称制"，但国家政事的处理还是在少帝居住的未央宫中进行。

南北军的统帅及南北军与卫尉的关系

《史记》卷九《吕太后本纪》载：

> 太尉绛侯勃不得入军中主兵。

这表明太尉周勃无法掌管南北军并非正常状态。换言之，太尉原本是应当掌管南北军的。从吕禄轻易相信"帝使太尉守北军"的谎言，以及周勃进入北军后"军中皆左袒为刘氏"这些事实中，也能够看出此点。

刘邦去世后，政治形势一下子变得不稳定起来。在开国功臣们面前，吕太后与惠帝基本处于守势。为了维护自身安全，吕太后和惠帝在加紧建造长安城墙的同时，完全掌握南北军也是必不可少的措施。当时太后与皇帝二人依靠的是功名显赫且是吕太后妹夫的樊哙。既往研究中一直将樊哙视为刘邦的亲信。但正如前文所述，樊哙在刘邦去世前差点因为"党于吕氏"之罪被杀，表明他与吕太后的关系极为密切。[①]《史记》卷一百《季布列传》载：

---

① 关于此点，美川修一曾提出同样的看法。详情参见美川修一：《所謂漢の高祖の功臣の動向について——呂后専権の基盤》,《中国前近代史研究》，雄山阁出版社，1980年。

> 单于尝为书嫚吕后，不逊，吕后大怒，召诸将议之。上将军樊哙曰：……

可知刘邦死后樊哙担任上将军。樊哙何时任此职位不明，但考虑到武帝以前，在旧帝驾崩、新皇即位前夕的政情不安时期，任命亲信为上将军以备不虞是惯例，则樊哙任上将军可能就是在刘邦去世时。据大庭脩的研究，“位于一般将军之上、能够指挥将军者，即‘上将军’，或者如汉代韩信一样被称为‘大将’或‘大将军’”①。樊哙既然是上将军，则可以认为当时南北军及两宫卫尉由樊哙统率。惠帝六年（前 189 年），樊哙去世，使得朝廷时隔 7 年再次设置太尉一职，周勃复任太尉。大概吕太后判断，此时惠帝健在，政治稳定，把军权交给周勃也无妨。然而 1 年后（前 188 年）惠帝去世，吕太后对太尉周勃掌握军权一事感到强烈不安。此点亦可从下列史料中推测出，《史记》卷九《吕太后本纪》载：

> 七年秋八月戊寅，孝惠帝崩。发丧，太后哭，泣不下。留侯子张辟彊为侍中，年十五，谓丞相曰：“太后独有孝惠，今崩，哭不悲，君知其解乎？”丞相曰：“何解？”辟彊曰：“帝毋壮子，太后畏君等。君今请拜吕台、吕产、吕禄为将，将兵居南北军，及诸吕皆入宫，居中用事，如此则太后心安，君等

---

① 大庭脩：《前漢の将軍》，《秦漢法制史の研究》，创文社，1982 年。大庭脩并未论证上将军与大将军的关系，不过在“诸吕之乱”前，上将军吕禄为了平定举兵的齐王，派灌婴出马并任命其为大将军。由此可以认为上将军高于大将军。

幸得脱祸矣。"丞相乃如辟彊计。太后说，其哭乃哀。吕氏权由此起。

在侍中张辟彊对丞相的建言下，吕氏一族任军职并入宫，"泣不下"的吕太后才安心哀悼。尽管不能断定当时吕氏一族是否成为南北军的统帅，但吕台、吕产、吕禄入宫并被任命为警备宫内的卫尉、太中大夫等官职的可能性很大。从史料来看，南北军实际上极有可能交给了与刘、吕两族都有亲戚关系的刘泽。刘泽是刘邦的远亲，也是樊哙的女婿，即吕太后的甥婿。他本人也作为刘邦麾下参与远征的功臣而受到信赖，于惠帝元年（前 194 年）担任卫尉。虽然并不清楚刘泽是否从一开始就担任大将军，但史料记载刘泽于吕太后七年（前 181 年）时在任大将军，[①]则可以推测他可能是在惠帝死后被任命的。如这一推测正确，那么在惠帝去世后，吕太后再次从周勃手中夺取了军权，[②]将南北军及两宫卫尉置于刘泽统领下。据《史记》卷九《吕太后本纪》记载，吕太后七年，因吕太后不放心将自己的身后事交给刘泽，故时任大将军的刘泽被外迁为琅邪王。随后，南北军的军权被分割。吕禄为上将军，但只统率北军，南军则交给相国吕产统率。

上述讨论可总结如下：西汉初期，在政情不稳定的时候，设上

①《史记》卷五十一《荆燕世家》载："田生弗受，因说之曰：'……今营陵侯泽，诸刘，为大将军……'"

② 惠帝六年（前 189 年）复设太尉，以周勃担任该职。然而，只要大将军之职存在，周勃的太尉一职就应该只是个摆设。这种状况当一直持续到"诸吕之乱"结束。

（大）将军，统率南北军与两宫卫尉；而在未设上（大）将军的政情稳定时期，南北军与两宫卫尉则由太尉统率。从西汉初期任命上（大）将军的惯例与任命太尉的情况推测，在刘邦去世后，樊哙担任了 6 年大将军，此后周勃担任了 2 年太尉。惠帝死后，刘泽担任了 7 年大将军。而在吕太后去世之前，吕禄任上将军。樊哙、刘泽与吕禄都是吕太后的近亲，因此就本质而言，所有军队均掌握在吕太后手中。这也正是刘邦去世后的 15 年间，吕太后能够压制功臣、元老，控制住政局的重要原因之一。

此外，从南北军与卫尉的关系来看，可以推测南北军是驻扎于两宫之外、于两宫外侧保卫宫殿的军队。与之相对，两宫卫尉则是分别护卫两宫宫内安全的军队。换言之，南北军与两宫卫尉虽然都护卫着宫殿，但驻地与军队的性质截然不同。并且这些军队之间没有从属关系，属于并列关系。统率这些军队的是上（大）将军。吕太后末期，南北军的军权被分割，由不同的人统率。吕禄是上将军，因此不仅统率未央宫外侧的北军，也统率其内部的卫尉军队。吕产因担任相国，故长乐宫外侧的南军与内部的卫尉军队由他一并统率。

综上所述，吕太后去世后的军队指挥系统可归纳为表 2–2。

表 2–2　吕太后去世后南北军统领情况

将军	吕产	吕禄 / 周勃
部下	①长乐宫卫尉	①未央宫卫尉
	②南军（长乐宫外）	②北军（未央宫外）

对文帝二年（前178年）的"罢卫将军军"一事（见第47页史料5），理解为废止两宫外侧的守卫军队应较为妥当——此时长安城的城墙已建成。

小　结

本章在参考既有研究成果的基础上，探讨了关于南北军的诸种相关说法存在的问题。通过整理考察与南北军相关的零碎史料，提出了南北军各自驻扎位置、功能的新假设。如按照这一假设，就可以毫无矛盾地解释关于"诸吕之乱"的现有史料了。若对本章中南北军实际存在状态的讨论成立，则至今为止尚属模糊的西汉初期长安军队的构成情况也就基本得以明确。总结而言，西汉初期，位于都城长安的"军队"，有郎中令之"军"、中尉之"军"、卫尉之"军"与南北军。其中，郎中令之"军"与其说是军队，不如说是皇帝的亲卫队。在此前西汉政治史研究中备受重视的中尉之"军"，并非守备军，而是类似于"警察"。南北军是未央宫与长乐宫外侧的守备军。南军驻扎于武库周边，与长乐宫卫尉一同守卫长乐宫；北军驻扎于未央宫北面，与未央宫卫尉一同守卫未央宫。在政情不稳定时，朝廷设上（大）将军，统领包括南北军在内的所有军队。而在政情稳定时，则不设上（大）将军，军队由太尉统领。

本章通过阐明南北军的实际情况，明确了关于西汉初期政治结构的两点认识。第一，吕太后能够控制政局的最大原因，在于她任命了军队系统的最高长官上（大）将军，掌握了军权。既往研究认为，自惠帝去世、吕氏一族入宫开始，吕太后才首次获得军权。但实际上，刘邦去世之后，吕太后就已任命樊哙为大将军，并掌握了军权。此后，除惠帝去世前的一段时间，吕太后一直通过任命自己的亲戚为上（大）将军来掌握军权。

第二，护卫未央宫的北军比护卫长乐宫的南军重要，可见吕太后时期的政治中心依然在未央宫。也就是说，吕太后的统治形态是遵守“临朝称制”、以辅佐少帝的形式来参与政治。对吕太后而言，无论是为了维护其孙子少帝的地位，还是为了维护吕氏一族的利益，都必须要确立少帝的权威，这是她遵守“临朝称制”的原因所在。

由上述两点可知，吕太后时期的政治统治是以皇帝为中心、以上（大）将军为支柱展开的。除此之外，吕太后本人的资质与权力基础、大臣间的对立关系，以及刘邦的遗言等，也在强化吕太后的权力方面发挥了作用。①

① 关于大臣间的对立关系及刘邦的遗言对吕太后权力的强化，将在本书第四章讨论。

叁

第三章

刘邦时期的官僚任用政策

通过前一章的分析，吕太后的权力基础与统治形态得以明确，但吕太后时期的国家权力如何分配这一问题，还有待具体探讨。在帝制体制下，皇帝处于权力体系的顶端，其下则是支撑皇帝统治的行政、司法、军事等各种权力机关。西汉时期，这些机构的长官就是所谓的三公九卿。西汉建立以后，三公九卿分配给什么样的人物与政治群体，事关权力分配，至关重要。此外，分析权力分配，也能够揭示吕太后时期权力结构的整体样貌。不过，从上一章的分析中可以看出，吕太后在刘邦时期就已经深度涉足政治，故吕太后时期的权力分配与刘邦时期的权力分配存在相当密切的关联。因此，本章首先对刘邦时期的权力分配加以研究，并在下一章进一步探讨吕太后时期的权力分配。

本书所讨论的权力分配，是指国家的哪些权力被分配给哪些政治势力，这与官僚的人事任命关系极深。截至目前，关于西汉初期官僚任用的研究并不多。在为数不多的既往研究中，首先应该关注的是廖伯源的研究。[①]廖伯源将西汉初期功臣列侯集团作为一个政治势力予以关注，指出三公九卿与地方官员多由列侯担任。不过廖伯

① 廖伯源:《试论西汉时期列侯与政治之关系》,《文史研究论集》，学生书局，1986年。

源研究的关注点在于列侯与政治的关系，没有具体探讨与西汉初期权力结构相关的官僚人事任命。

另一个重要的既往研究来自李开元先生。[①]在西汉初期的官僚任用上，李开元先生基本继承了廖伯源的说法，认为西汉初期的官吏被军功受益阶层占据，且根据军功大小任命官僚。具体而言，"首先以加入刘邦集团的年月先后与军功大小授予不同等级的军功爵，同时按军功爵的等级授予一定田产、确定身份高低，并赋予相应官职"，即"严格依照功劳原则实施"[②]。换言之，刘邦集团的成员首先以各自的军功接受评价，授予爵（侯），并据此确定官职，即"功→爵（侯）→官"的顺序。[③]如果这一说法正确，那么军功受益阶层中军功最大、爵位最高之人应该被授予作为朝廷高级官员的三公九卿之位。但实际情况是否如此？此外，如果这一观点不成立，那么该时期官僚任用的标准究竟是什么，采用如此标准的理由又是什么？

本章将依据《史记》《汉书》中的相关材料，以刘邦时期构成政权上层朝廷官员的三公九卿人选为中心，同时也涉及地方郡太守的任用问题，阐明西汉初期的官僚任用标准及其反映的刘邦的官僚任用政策。

---

① 李开元：《漢帝国の成立と劉邦集団：軍功受益階層の研究》，汲古书院，2000年。

② 同上书，第199页。

③ 关于官僚的任用，尽管李开元先生在其著作中反复强调军功名次的重要性，但他认为任职丞相者是军功受益阶层的最上层——列侯，其分析也仅限于丞相。因此，李开元先生的结论仅针对丞相一职，是否适用于整个官僚阶层，则需要进一步研究。

军功与封侯

西汉建立后，刘邦为在开国过程中做出重大贡献的 143 人封侯。毋庸置疑，这些人是所谓军功受益阶层的核心。尤其是汉六年（前 201 年）十二月开始，历时一个月，有 29 位功臣封侯。这 29 人应该是对西汉建立贡献尤为突出的人物。因此，笔者在讨论中央的官僚任用政策之前，首先就这 29 人的特征、封侯时间等问题加以探讨。

首封二十九侯

西汉建立后最初封侯的人物与封侯时间如下：

第一批封侯［汉六年十二月甲申］

1. 曹参　2. 靳歙　3. 王吸　4. 夏侯婴　5. 傅宽

6. 召欧　7. 薛欧　8. 陈濞　9. 陈平　10. 陈婴

第二批封侯［汉六年正月丙戌］（第一批后两日）

11. 吕泽　12. 吕释之

第三批封侯［汉六年正月丙午］（第二批后二十日）

13. 张良　14. 项缠　15. 萧何　16. 郦商　17. 周勃

18. 樊哙　19. 灌婴　20. 周昌　21. 武儒　22. 董渫

23. 孔藂　24. 陈贺　25. 陈豨

第四批封侯［汉六年正月］（第三批次日①）

26. 周灶

---

① 该日干支当为正月丁未日。——译注

第五批封侯［汉六年正月戊申］（第四批次日）

27. 丁复

第六批封侯［汉六年正月壬子］（第五批后四日）

28. 吕清

第七批封侯［汉六年正月戊午］（第六批后六日）

29. 郭蒙

在此之后，第八批分封第三十位列侯则是两个月后的事情了，被封侯者为刘邦最痛恨的雍齿。《史记》卷五十五《留侯世家》载：

> 上已封大功臣二十余人，其余日夜争功不决，未得行封。上在雒阳南宫，从复道望见诸将往往相与坐沙中语。上曰："此何语？"留侯曰："陛下不知乎？此谋反耳。"上曰："天下属安定，何故反乎？"留侯曰："陛下起布衣，以此属取天下，今陛下为天子，而所封皆萧、曹故人所亲爱，而所诛者皆生平所仇怨。今军吏计功，以天下不足遍封，此属畏陛下不能尽封，恐又见疑平生过失及诛，故即相聚谋反耳。"上乃忧曰："为之奈何？"留侯曰："上平生所憎，群臣所共知，谁最甚者？"上曰："雍齿与我故，数尝窘辱我。我欲杀之，为其功多，故不忍。"留侯曰："今急先封雍齿以示群臣，群臣见雍齿封，则人人自坚矣。"于是上乃置酒，封雍齿为什方侯，而急趣丞相、御史定功行封。群臣罢酒，皆喜曰："雍齿尚为侯，我属无患矣。"

显然，给雍齿封侯是为了稳定人心。此外，从史料中也可以看出，对前七批29人的封侯集中在一个月内，而此后的两个月均没有再次封侯。原因在于群臣互相争功，难以决定封侯顺序。换言之，已封侯的29人是功绩受到众人认可的顶尖人物。[①]

二十九侯的构成及其功绩

在既往研究中，常用“刘邦集团”或“功臣集团”来概括与刘邦一同作战的这批人。然而，这些人绝不是不可分化的，他们与刘邦的关系各不相同，对建立西汉的贡献也不尽相同。因此，刘邦集团的成员，尤其是首封二十九侯，可以分为以下几组。

第1组　陈婴、项缠、吕清

10号陈婴原为楚柱国（最高武官），在项羽死后归汉。14号项缠是项羽叔父，因鸿门宴救刘邦而闻名。28号吕清的相关具体史实不存，[②]不过《史记》卷十八《高祖功臣侯者年表》载：

> 以汉五年用左令尹初从，功比堂邑侯。

左令尹是楚国官名，吕清在汉五年（前202年）以左令尹的身份追随刘邦。再看“功比堂邑侯”一句，因堂邑侯为陈婴，故可以推测吕清原本也是楚国大臣。也就是说，以上3人虽然都是项羽集

---

① 西汉建立后，功臣们努力争取让自己的功绩获得承认。在这种情况下，最初封侯的29人自然是军功卓著者。不过，由于他们中有许多人没有被授予官僚机构中的重要职位，因此知名度不高，但这并不意味着他们在当时不是重要人物。

② 秦二世三年（前207年）、楚怀王时，令尹为吕青。可以认为这个吕青和吕清是同一人。

团的重要人物，但以各自的方式帮助刘邦，为西汉的建立做出了很大贡献，不过他们并非刘邦集团的核心人物。

第 2 组　吕泽、吕释之

11 号吕泽与 12 号吕释之是吕太后的两位兄长。长兄吕泽是个武将自不必言，而仲兄吕释之负责保护刘邦与吕太后的家人，故同样是武将。这两人是吕氏家族的核心人物，与刘邦关系特殊。

第 3 组　张良、陈平、萧何、夏侯婴、周昌

众所周知，13 号张良和 9 号陈平都曾在政治、军事等方面建言献策，为建立西汉做出巨大贡献。关于张良被封侯一事，《史记》卷五十五《留侯世家》载：

> 良未尝有战斗功，高帝曰："运筹策帷帐中，决胜千里外，子房功也。自择齐三万户。"

从这一记载可以看出，张良被封侯，不是因为作为武将的"战斗功"（以下简称"战功"），而是因为策划种种计谋的功绩。9 号陈平大致与张良相同。陈平曾担任都尉和护军中尉，虽然都是军职，但职责是监视诸武将，并非通常意义上的武将。因此，陈平在被封侯时不愿坦然接受。《史记》卷五十六《陈丞相世家》载：

> 平辞曰："此非臣之功也。"上曰："吾用先生谋计，战胜克敌，非功而何？"

也就是说，陈平被封侯并非因为战功，而是因为作为刘邦的亲信谋士受封。

15 号萧何在楚汉战争时期主要致力于后方建设，以此功绩而被封侯。不过他被封侯时因食邑最多却没有战功，遭到了武将们的强烈反对。[①]

至于 4 号夏侯婴的情况则不甚明了。《史记》卷十八《高祖功臣侯者年表》载：

> 以令史从降沛，为太仆，常奉车，为滕公，竟定天下，入汉中，全孝惠、鲁元，侯，六千九百户。常为太仆。

由上可见，夏侯婴始终作为太仆为刘邦驾车，因此总是与刘邦一同驰骋战场。夏侯婴被封侯，可以说并非因为战功，而是因为作为刘邦的亲信出色完成了工作。

从上述考察能够看出，此 4 人虽然封侯理由不同，但共同点在于他们并非率领军队战斗、攻城的武将。

关于 20 号周昌，《史记》卷十八《高祖功臣侯者年表》载：

> 初起以职志击破秦，入汉，出关，以内史坚守敖仓[②]，以御史大夫定诸侯。

---

① 参见第 109~111 页“萧何封侯”内容。

② 如第 96 页表 3-1 所示，周昌自汉元年（前 206 年）至汉三年（前 204 年）为中尉，后长期担任御史大夫，何时成为内史尚不清楚。就算担任过内史，时间应该也很短。

据此记载，周昌封侯的理由是刘邦举兵后以"职志"（旗手）的身份参加了与秦朝的战斗，之后作为内史防御敖仓。可见周昌是有战功的。不过，从第96页的表3-1可以看出，周昌自汉元年（前206年）至汉三年（前204年）任中尉，之后任御史大夫，所以他的功绩更多地源自行政职务，或者也可以说他兼具文武功绩。

第4组　其余19人

余下19人中，1号曹参、2号靳歙、5号傅宽、16号郦商、17号周勃、18号樊哙、19号灌婴在《史记》《汉书》中均有传记。其中按照时间、战役详细记载了众人的杀敌数量与其他战功。无须赘言，这7人属于武将。另外，《史记》卷八《高祖本纪》载，刘邦与项羽决战时：

> 淮阴侯将三十万自当之，孔将军居左，费将军居右。

据《史记》卷十八《高祖功臣侯者年表》中的《史记索隐》注，上文中的孔将军与费将军分别指23号孔藂和24号陈贺。此外，据《史记》卷十八《高祖功臣侯者年表》记载，孔藂"以左司马入汉，为将军，三以都尉击项羽，属韩信，功侯"，陈贺亦"以左司马入汉，用都尉属韩信，击项羽有功，为将军，定会稽、浙江、湖阳"。两人无疑都是武将。

剩余10人，根据《史记》卷十八《高祖功臣侯者年表》的记载，可以确认都是武将：

3号王吸："至霸上，为骑郎将，入汉，以将军击项羽功，侯。"

7号薛欧[①]："至霸上，为郎中，入汉，以将军击项羽、钟离眛功，侯。"

6号召欧："以骑将定燕、赵，得将军，侯。"

8号陈濞："以刺客将，入汉，以都尉击项羽荥阳，绝甬道，击杀追卒功，侯。"

21号武儒："兵初起，以谒者从击破秦，入汉，以将军击定诸侯功，比博阳侯（陈濞）。"

22号董渫："兵初起，以舍人从击秦，为都尉；入汉，定三秦。出关，以将军定诸侯功，比厌次侯（元顷）。"

25号陈豨："以特将将卒五百人，前元年从起宛、朐，至霸上，为侯，以游击将军别定代，已破臧荼，封豨为阳夏侯。"

26号周灶："以长铍都尉击项羽，有功，侯。"

27号丁复："以赵将从起邺，至霸上，为楼烦将，入汉，定三秦，别降翟王，属悼武王，杀龙且彭城，为大司马；破羽军叶，拜为将军、忠臣，侯。"

29号郭蒙："属悼武王，破秦军杠里，杨熊军曲遇，入汉为越将军，定三秦，以都尉坚守敖仓，为将军，破籍军，功侯。"

综上所述，从这19人的战绩与身份可以看出，他们皆因战功而封侯。

---

① 关于薛欧、王吸，具体记载见于《汉书》卷一《高帝纪》："［汉元年（前206年）］九月，汉王遣将军薛欧、王吸出武关，因王陵兵，从南阳迎太公、吕后于沛。"

军功的概念与刘邦的封侯标准

西汉的封侯如刘邦所谓“无功不得侯”所示，是基于“功”而封的。问题在于，这里的“功”具体是指何物？通常对此有两种解释。广义上的解释，即无论形式如何，只要对西汉的建立做出贡献，皆包含在内。狭义上的解释，则专指与敌军作战的功绩，即“功”只指“战功”。

根据前文讨论，可明了如下内容。首先，西汉建立后的封侯政策并非基于“战功”这一狭义概念，而是基于包含战功在内的广义功绩来展开的。如果说拥有战功的人是武将，则拥有非战功功绩的人大概是文臣。[①]西汉初期，对这两类人都做了叙功。其次，刘邦与其他集团成员对“功”的认识存在微妙分歧。从刘邦为张良、陈平封侯，以及因萧何封邑最多而引发武将们反对可以看出，在西汉初期的普遍观念中，“功”就是指“战功”。但是，从刘邦的立场来看，无论形式如何，只要是对西汉建立有贡献，就相当于“功”，同样应当叙功封侯。就此意义而言，刘邦认为的“功”是广义的。李开元先生所说的军功，也是指这种广义上的“功”。本书亦沿袭此观点，展开进一步讨论。

那么，刘邦时期的官僚任用与军功究竟是什么关系？

---

① 当然，没有战功者除了文臣还有各式各样的人。项缠等 3 人原是项羽属下，后归降刘邦。温疥、栾说、贲赫分别因告发燕王臧荼、淮阴侯韩信、淮南王英布谋反而被封侯。此外，还有像鄂千秋这样因讨论萧何功劳而被封侯者。虽实际情况各异，不过这些人都属于例外，为方便讨论，笔者将没有战功者均归入文臣。

关于汉五年的三公九卿

三公九卿与军功

三公九卿是汉代朝廷的最高级官员，国家便由这些人运营。因此，厘清哪些人、基于何种理由被任命为三公九卿，对阐明刘邦时期的官僚任用政策特征至关重要。据《汉书》卷十九《百官公卿表》，刘邦时期三公九卿的构成如下页表 3–1 所示。

由表 3–1 可见，刘邦时期任三公九卿者有 20 人，前文述及的 29 位封侯者仅有 7 人在其中。在建立西汉上取得最大“军功”的 29 位封侯者占三公九卿的比例，不过三分之一。由此事实来看，军功与官职间并不存在严格的关联性。

此外，从官员的实际任职情况来看，也很难说存在前文提及的“功→爵（侯）→官”的顺序。换言之，根据表 3–1 可知，西汉的官僚制度并不是在朝代建立后形成的，而是从汉王国时代的汉元年（前 206 年）开始就已初具雏形，已设置丞相、太仆、御史大夫、中尉、治粟内史等重要官职。此外，担任这些官职的人物在西汉建立后基本留任原职。在汉五年（前 202 年），也就是刘邦击破项羽、取得最终胜利的这一年，三公九卿均有所任命，中央官僚机构做了一番整备。在这里需要注意的是，核定群臣功劳、开始封侯发生于次年的汉六年（前 201 年）。也就是说，汉六年之前的官僚任用很显然并非以军功或爵（侯）为标准。

三公九卿的任用原则

那么，刘邦在完善官僚机构的过程中，究竟是按照什么标准任

表 3-1 汉元年（前 206 年）至汉十二年（前 195 年）的三公九卿

	元年	二年	三年	四年	五年	六年	七年	八年	九年	十年	十一年	十二年
丞相 / 相国	萧何	萧何	萧何	萧何	萧何	萧何	萧何	萧何	萧何	萧何	萧何	萧何
太尉					卢绾	×	×	×	×	×	周勃	×
御史大夫	周苛	周苛	周苛	周昌	周昌	周昌				赵尧	赵尧	赵尧
奉常							叔孙通	叔孙通	叔孙通	×	×	叔孙通
郎中令					王恬启	王恬启？	王恬启？	王恬启？	王恬启？	王恬启？		
卫尉						郦商	郦商？				王氏	王氏？
太仆	夏侯婴	夏侯婴	夏侯婴	夏侯婴	夏侯婴	夏侯婴 公上不害	夏侯婴	夏侯婴	夏侯婴	夏侯婴	夏侯婴	夏侯婴
廷尉					义渠	义渠？	义渠？	义渠？	义渠？	宣义	王恬启？	育
典客					薛欧	薛欧？	薛欧？	薛欧？	薛欧？	薛欧？	薛欧？	薛欧？
中尉	周昌	周昌	周昌		丙猜	丙猜？	丙猜？	丙猜？	丙猜？	丙猜？	戚鳃	戚鳃？
少府					阳城延	阳城延	阳城延	阳城延	阳城延	阳城延	阳城延	阳城延
治粟内史	襄	襄？	襄？	襄？	襄？	襄？	襄？	襄？	襄？	襄？	襄？	襄？

注：（1）本表主要基于《汉书》卷十九《百官公卿表》，同时参考了《史记》《汉书》诸纪传。

（2）“？”为基于文献推测，但并不确定；“×”为当年该官职空缺；空白项则为情况不明。

命官员的？下文将按照年代顺序，通过分析表 3-1 中所见三公九卿人选，尝试切近这一问题的答案。

西汉建立前的官员任用

从表 3-1 可以看出，在西汉的三公九卿中，至少丞相、御史大夫、太仆这 3 个官职的人选沿袭了此前的汉王国时代。因此，本节从汉元年（前 206 年）任职三公九卿的人物展开讨论。

首先是丞相萧何。这里值得注意的是，萧何究竟是因为军功拜相，还是被任命为丞相后立下功劳？《史记》卷五十三《萧相国世家》载：

> 秦御史监郡者与从事，常辨之。何乃给泗水卒史事，第一。秦御史欲入言征何，何固请，得毋行。及高祖起为沛公，何常为丞督事。沛公至咸阳，诸将皆争走金帛财物之府分之，何独先入收秦丞相御史律令图书藏之。沛公为汉王，以何为丞相。

萧何在沛县时就因优秀的行政能力颇受好评，担任泗水郡卒史时更获得考核第一等，得到秦御史的高度评价，甚至想推荐他往朝中任职。因此，刘邦在称沛公后立即任命萧何为丞相。关于此点，《史记索隐》云：

> 谓高祖起沛，令何为丞，常监督庶事也。

也就是说，刘邦自沛公时期开始，就将行政管理的工作交由萧何负责。此外，刘邦军队破秦攻入咸阳时，其他诸将都争抢财宝，萧何却立刻收集秦丞相、御史府的律令与图书，为此后汉王国的经营贡献良多。《史记》卷五十三《萧相国世家》载：

> 汉王所以具知天下阸塞，户口多少，强弱之处，民所疾苦者，以何具得秦图书也。

另外，《汉书》卷一《高帝纪》载"天下既定，命萧何次律令"。萧何在制定律令时，恐怕也参考了秦丞相、御史府的律令与图书。由此可见，萧何的确是位具有丞相资质的人物。《史记》卷五十三《萧相国世家》载，汉元年（前 206 年）刘邦外出攻打项羽时：

> [萧何] 留收巴蜀，填抚谕告，使给军食。

而后自汉二年（前 205 年）开始：

> [萧何] 守关中，侍太子，治栎阳。为法令约束，立宗庙社稷宫室县邑……关中事计户口转漕给军，汉王数失军遁去，何常兴关中卒，辄补缺。上以此专属任何关中事。

可见萧何在后方为西汉的建立做出了很大贡献，因此在西汉设官分职之际，他继续任职丞相。由此而言，萧何成为相国（丞相）并非依靠军功，而是依靠卓越的行政能力，并在此后作为相国（丞相）积累了更大的功劳，最终被封侯。如上解释应当不谬。西汉建立后，武将们对于萧何被任命为文官之首的相国并无意见。但在萧何的功劳被认定为第一时，却引起了武将们的强烈反对。这表明，相国必须由战功或军功第一者来担任的原则并不存在。

夏侯婴在刘邦举兵前，曾任沛县的厩司御，即负责管理马厩。由于这个关系，刘邦成为沛公之后，夏侯婴被任命为太仆。此后，夏侯婴一直以御者的身份追随刘邦，立下了巨大功绩（《史记》卷九十五《夏侯婴列传》）。由此看来，夏侯婴在西汉建立后能够继续位居太仆之位，不仅是因为军功，更是因为他在马政上的卓越能力与经验得到了认可。

周昌与周苛是籍贯沛县的堂兄弟，均为泗水卒史。刘邦最初在沛县举兵时，他们并未追随，而是在刘邦举兵第二年攻打泗水时加入了刘邦的队伍。刘邦成为汉王后，周苛被任命为御史大夫，周昌被任命为中尉。3 年后，周苛去世，周昌继任御史大夫（《史记》卷九十六《张丞相列传》）。刘邦做出这一人事调整的缘由史料不载，但可以推测，周昌、周苛二人本是秦朝官吏，与刘邦集团的其他成员相比，在法律等方面有更多的知识与经验。尤为有趣的是，《史记》卷十八《高祖功臣侯者年表》中介绍周昌的主要事迹如下：

> 初起以职志击破秦，入汉，出关，以内史坚守敖仓，以御史大夫定诸侯，比清阳侯，二千八百户。

可见，作为内史坚守敖仓，作为御史大夫平定诸侯，被认为是周昌获封的理由。也就是说，周昌也因执行政务而积累了功绩，最终被封侯。

关于治粟内史襄的史料非常少，仅见于《史记》卷十八《高祖功臣侯者年表》：

> [襄]以执盾队史前元年从起砀，破秦，以治粟内史入汉，以上郡守击定西魏地，功侯。

从这段记述可以看出，汉元年（前206年）时，襄因军功而被任命为治粟内史。

如此可见，上述4人都不是封侯之后而被授官的。相反，他们先是因为能力优秀任官，而后因为任职期间取得了很大功绩被封侯。

汉五年（前202年）至汉六年（前202年）[①]的官员任命

汉五年，西汉建立。不可否认，由于此时涌现了为建国立下巨大军功之人，因此在官僚任命上可能采取了与以往不同的办法。为了确认这一点，有必要先来讨论西汉建立初期新任命的三公九卿。

首先，来看中尉丙猜。他以客的身份跟随刘邦入汉，但其成为中尉前的具体经历不甚清楚。在封侯名次中，他位于第53位，算不上顶尖功臣。[②]

至于郎中令王恬启、少府阳城延、廷尉义渠甚至都没有进入刘邦时期获封的143人中。因此，与被封侯的人相比，他们应该没有

① 本节讨论的是汉六年十二月叙军功之前的情况。因西汉初期以十月为岁首，故这里的汉六年实际仍在公元前202年内。——译注

② 吕太后时期，吕太后命陈平根据军功对143位侯加以排序。据此排序，丙猜军功排名第41位。

什么卓越军功。尤其是廷尉义渠，几乎没有留下具体事迹，应当不是因军功卓著而成了九卿。此外，郎中令王恬启、少府阳城延是吕太后时期才被封侯的。据《史记》卷十九《惠景间侯者年表》，王恬启在吕太后四年（前184年）被封侯的理由如下：

> 高祖五年（前202年）为郎中柱下令，以卫将军击陈豨，用梁相侯。

也就是说，在被封侯之前，王恬启先后担任郎中柱下令、卫将军及梁相。他在这些官职任上取得功绩而被封侯。另外，《史记》卷十九《惠景间侯者年表》载少府阳城延的情况如下：

> 以军匠从起郏，入汉，后为少府，作长乐、未央宫，筑长安城，先就，功侯，五百户。

阳城延何时加入刘邦集团尚不清楚，但从加入刘邦集团的地点是郏，其身份是军匠的情况来看，他很可能原本是秦军匠。大概是因为擅长建筑，汉五年（前202年）成为少府，在长乐宫与未央宫的建设中发挥作用。阳城延于吕太后元年（前187年）被封侯，获封的最大理由是让长安城的建设提早完工。就此点来看，他也和前面提到的人一样，是先被授予官职，而后做出功绩才得以封侯。

此外，新上任三公九卿的人中，能称得上知名武将的只有典客薛欧与太尉卢绾。虽然尚不能确定薛欧被任命为典客的理由，但至少史书没有记载他是因军功获得任命。卢绾被任命为太尉，与其说是因为军功高，不如说是因为他与刘邦关系极为亲密。众所周知，卢绾是与刘邦童年就结识的好友，深受刘邦信赖（《史记》卷九十三《卢绾列传》）。卢绾在被封为燕王后卸任太尉。此后，太尉一职在相当长的时间内是空缺的。

如以上内容所见，即便是在西汉建立初期，从对三公九卿的任命中也难以找到与军功的直接关联。

到目前为止，笔者讨论的都是西汉评定军功之前的情况。那么自汉六年（前 201 年）评定军功至汉十二年（前 195 年）的人事安排又与军功和侯爵有何关系？笔者接下来就讨论这一问题。

汉六年至汉十二年的人事安排

在西汉中央政府官僚机构开展整备的次年，即汉六年，刘邦开始了前述的封侯活动。在此之前，刘邦集团成员的军功并未得到明确评价，而随着封侯的推进，诸人军功的高低、名次都一一明确。[①]如果基于军功或侯爵而任官的原则确实存在，那么该时期的人事安排应该最为典型。

---

① 判断军功高低并非易事，李开元先生大概是根据侯的排名来判断的，这一做法妥当，但有必要注意到，这个排名是在吕太后二年（前 186 年）产生的，用此排名考察吕太后时期的官僚任用合适，但直接套用在刘邦时期会有问题。《史记》卷十八《高祖功臣侯者年表》索隐注云："萧何第一，曹参二……虫达十八。《史记》与《汉表》同。而《楚汉春秋》则不同者，陆贾记事在高祖、惠帝时。《汉书》是后定功臣等列，及陈平受吕后命而定，或已改邑号，故人名亦别。且高祖初定唯十八侯，吕后令陈平终竟以下列侯第录，凡一百四十三人也。"据此，流传至今的刘邦时期前 18 位列侯的排名，也与《史记》《汉书》中记载的排名不同。因此，本书大致以封侯顺序与食邑户数来判断刘邦时期列侯的军功高低。

从第96页表3-1可以看出，汉六年（前201年）至汉十二年（前195年），相国与太仆仍然是萧何和夏侯婴。御史大夫由赵尧代替周昌，新任命了叔孙通为奉常，廷尉由宣义和育先后担任。卫尉是郦商，后来任命了王氏。中尉是戚鳃。那么，这些新被任命者究竟是怎样的人物？

汉九年（前198年），刘邦为了确保最疼爱的儿子如意在自己死后不受吕太后的伤害，将御史大夫周昌转任为赵王如意的丞相。此后，对起用谁为御史大夫，刘邦犹豫了一段时间。御史大夫为三公之一，是朝廷的中枢要职。如果当时存在根据军功分配官职的原则，那么对于这样重要的官职，就会任命有很大军功且封侯顺序在前之人。而实际上，被任命为御史大夫的是军功并不突出的刀笔吏赵尧。《史记》卷九十六《张丞相列传》载：

> （周昌）既行久之，高祖持御史大夫印弄之，曰："谁可以为御史大夫者？"孰视赵尧，曰："无以易尧。"遂拜赵尧为御史大夫。尧亦前有军功食邑，及以御史大夫从击陈豨有功，封为江邑侯。

关于赵尧的形象，《史记》卷九十六《张丞相列传》载：

> 赵尧年少，为符玺御史。赵人方与公谓御史大夫周昌曰："君之史赵尧，虽年少，然奇才也，君必异之，是且代君之位。"周昌笑曰："尧年少，刀笔吏耳，何能至是乎！"

赵尧被任命为御史大夫时，虽然拥有军功食邑，但算不上拥有足以担任御史大夫的顶尖军功。因为，他在成为御史大夫后，即便由于征伐陈豨再获军功，也不过只被封为食邑六百户的侯。史书上写赵尧"年少"，毫无疑问，他当是个年轻人。另外，赵尧在被选为御史大夫之前，只是掌管皇帝符玺的御史。不过，赵尧能够理解刘邦的烦恼，为刘邦出谋划策。《史记》卷九十六《张丞相列传》载：

> 高祖独心不乐，悲歌，群臣不知上之所以然。赵尧进请问曰："陛下所为不乐，非为赵王年少而戚夫人与吕后有却邪？备万岁之后而赵王不能自全乎？"高祖曰："然。吾私忧之，不知所出。"尧曰："陛下独宜为赵王置贵强相，及吕后、太子、群臣素所敬惮乃可。"高祖曰："然。吾念之欲如是，而群臣谁可者？"尧曰："御史大夫周昌，其人坚忍质直，且自吕后、太子及大臣皆素敬惮之。独昌可。"高祖曰："善。"

从这则史料可以看出，赵尧是个极有能力的人。刘邦应是在深思熟虑过赵尧的能力后，任命他为御史大夫的。另外，方与公预测赵尧不久后将代替周昌，本身就强烈暗示了西汉初期不存在基于军功的官员任命原则，反而是基于才能来选择官员。

下面再来讨论一下其他官职。奉常叔孙通原为秦博士，于汉二年（前205年）追随刘邦。汉七年（前200年），叔孙通作朝岁之礼，刘邦大喜云"吾乃今日知为皇帝之贵也"，于是"乃拜叔孙通为太常"。这显然也是不根据军功，而是根据能力被任命为九卿之例。关于卫尉王氏与廷尉育，不仅事迹不明，甚至连姓名也不清楚，二人也没有被封侯。戚鳃何时何地追随刘邦不明，但在汉十一年（前 196 年）二月被封为第 112 位侯，时任中尉。这也是先有官职，再被封侯的事例。

最后的公上不害于汉六年（前 201 年）担任太仆，随刘邦镇压陈豨立功。汉十年（前 197 年）二月，公上不害被封为第 113 位侯（《史记》卷十八《高祖功臣侯者年表》）。因此，公上不害也是先任官，而后立功封侯的。如上所见，在汉六年以后，也并未发现军功与任官的关联，即使是取得了极大军功的武将，朝廷也未必起用。作为武将被任命的最重要官职是太尉，但该职长年空缺。汉十一年（前 196 年），周勃被任命为太尉，但次年燕王卢绾叛乱，周勃随即以相国身份参与平叛（《史记》卷五十七《绛侯周勃世家》）。不过，相国一职是为了平叛临时任命的，在平定燕国叛乱后，周勃仍然只以列侯的身份活动。《史记》卷五十七《绛侯周勃世家》载：

勃既定燕而归，高祖已崩矣，以列侯事孝惠帝。

也就是说，周勃被拜太尉一年后便不再担任此职，而是以列侯的身份侍奉惠帝。唯一的例外是卫尉郦商。郦商是西汉早期的著名武将，是在封侯次序中排名第 16 位的大人物。不过，卫尉是保卫皇帝的卫队长，与其他官员的性质不同。郦商担任此职，与其说是因为军功卓越，倒不如说是由于作为武将能力优异、受到皇帝信赖而被任命。

以上考察，可以总结为下表：

表 3-2 刘邦时期三公九卿的履历
[汉六年（前 201 年）至汉十二年（前 195 年）]

官职	姓名	出身	封侯次序	列侯排名
丞相 / 相国	萧何	秦吏	15	1
太尉	卢绾	不明	燕王	
	周勃	织曲者	17	4
御史大夫	周昌	秦吏	20	16
	赵尧	不明	×	废［吕太后元年（前 187 年）］
奉常	叔孙通	秦博士	×	
郎中令	王恬启	不明	×	
卫尉	郦商	将军	16	6
	王氏	不明	×	
太仆	夏侯婴	秦吏	4	8
	公上不害	不明	×	123
廷尉	义渠	不明	×	
	宣义	不明	×	122
	育	不明	×	
典客	薛欧	不明	7	15
中尉	丙猜	不明	53	41
	戚鳃	不明	×	116
少府	阳城延	秦吏	×	
治粟内史	襄	不明	50	废（吕太后元年）

注：上述人员的封侯状况以授官时间为节点。授官时未封侯者以"×"标示。

从汉六年（前 201 年）至汉十二年（前 195 年）被任命为三公九卿的这 19 人的出身、履历及任官时间和封侯时间中可以看出，尽管朝廷实行封侯并对这些列侯加以排序，但并没有证据支持当时的官僚任用依据军功或列侯的先后顺序展开。此外，通过以上分析，我们可以知道 3 个颇有趣的事实。

首先，在汉五年（前 202 年）至汉十二年，第 87~88 页列举的二十九侯中，作为战功卓著的武将而被任命为三公九卿的有周勃、郦商、薛欧，除去临时被任命为太尉的周勃，实际上只有两人。而郦商与其说是因为军功卓越，不如说是因为受到皇帝信赖而被任命的。由此可以看出，为西汉建立做出巨大贡献的武将们几乎没有在中央的官僚机构中任职。

其次，赵尧、公上不害、宣义三人在何时、以何身份跟随刘邦，在西汉建立前有何事迹，均不见于《高祖功臣侯者年表》，但在汉五年至汉六年时，这三人已经分别成为符玺御史、太仆、中地守。公上不害与宣义更是在汉六年被任用时才留下了事迹，因此可以认为他们恐怕不是依靠军功获得任用，而是在西汉建立后根据各自的能力被任用。

最后，在这 19 人中，有 7 人出身明确，其中 5 人原是秦吏。可以认为，这一点如实体现了刘邦的官僚任用政策。

官僚任用的原则

那么，这些现象究竟意味着什么？笔者认为，这些任命绝非偶然结果，而是有着更为积极、更为现实的理由。显然，西汉自建立以来，急需具有优秀行政能力的官员。因此，国家需要的不是军功卓著者，而是精通行政与法律之人。众所周知，刘邦集团成员大多出身于社会下层，在行军打仗方面或许很有能力，但并没有治国的经验，有治国能力的人也很少。不过，刘邦集团中也有一些熟悉行政与法律知识的人，特别是在秦朝担任过官僚的人，他们能够满足这一需求。因此，西汉建立后，一方面战功显赫的武将被封侯，虽然获得了经济利益与社会地位，但无法进入中央的官僚体系，被排除在政治权力中枢之外。另一方面，拥有优秀行政能力的人，即便没有较大的军功，还是被编入了新政府的官僚体系中。叔孙通、赵尧等人被起用的原因当就在于此。三公九卿中武将出身者较少，秦吏出身者相对较多，说明汉初对官僚的任用不是以军功为本，而是以能力为本。

能够说明这一点的最佳案例是周勃。因除去吕氏家族而立下大功的周勃，在文帝时期就任官僚的最高职位——右丞相。周勃原本以织薄曲为业，靠在葬礼上吹箫谋生。刘邦作为沛公举兵时，周勃作为中涓追随，远征南北，取得了卓著的军功。周勃性格倔强愚钝，每次招待学者与游说之士，都是自己面向东坐，要求对方"趣为我语"(《史记》卷五十七《绛侯周勃世家》)。周勃任右丞相时，文帝向他询问国政，他一个问题都答不上来。此事见于《史记》卷五十六《陈丞相世家》：

> 居顷之，孝文皇帝既益明习国家事，朝而问右丞相勃曰："天下一岁决狱几何？"勃谢曰："不知。"问："天下一岁钱谷出入几何？"勃又谢不知，汗出沾背，愧不能对。于是上亦问左丞相平。平曰："有主者。"上曰："主者谓谁？"平曰："陛

下即问决狱，责廷尉；问钱谷，责治粟内史。”上曰：“苟各有主者，而君所主者何事也？”平谢曰：“主臣！陛下不知其驽下，使待罪宰相。宰相者，上佐天子理阴阳，顺四时，下育万物之宜，外镇抚四夷诸侯，内亲附百姓，使卿大夫各得任其职焉。”孝文帝乃称善。右丞相大惭，出而让陈平曰：“君独不素教我对！”陈平笑曰：“君居其位，不知其任邪？且陛下即问长安中盗贼数，君欲强对邪？”于是绛侯自知其能不如平远矣。

周勃身为丞相，却连自己的职责都不清楚，与以智谋之士而闻名的左丞相陈平形成了鲜明对比。但是考虑到周勃的出身，发生这样的事情一点都不奇怪。并且，刘邦集团中应该有很多像周勃这样的人。据此，刘邦令周勃、樊哙、灌婴等作为武将负责军事，令秦吏出身的萧何、周昌兄弟等负责管理与运营国事。换言之，在西汉初期，文臣与武将的差异就已经很明显了。而这一差异的公开化，发生在汉六年（前 201 年）萧何封侯前后。

文武对立与刘邦的统治理念

萧何封侯

萧何是西汉的第一功臣，地位重要，可以说没有他就没有西汉的建立。但是，在西汉建立之初的刘邦集团中，并非所有人都这么想，而萧何的封侯次序也晚于诸武将，是第 15 个被封侯者。尽管如此，萧何因为被封侯时食邑的户数最多，还招致了武将们的强烈反对。《史记》卷五十三《萧相国世家》载：

> 高祖以萧何功最盛，封为酂侯，所食邑多。功臣皆曰："臣等身被坚执锐，多者百余战，少者数十合，攻城略地，大小各有差。今萧何未尝有汗马之劳，徒持文墨议论，不战，顾反居臣等上，何也？"高帝曰："诸君知猎乎？"曰："知之。""知猎狗乎？"曰："知之。"高帝曰："夫猎，追杀兽兔者狗也，而发踪指示兽处者人也。今诸君徒能得走兽耳，功狗也。至如萧何，发踪指示，功人也。且诸君独以身随我，多者两三人。今萧何举宗数十人皆随我，功不可忘也。"

从上述史料可以看出，刘邦对萧何的功绩评价最高，但武将们只认为在战场上所立的战功是"功"，故并未对萧何的贡献给予很高评价。对此，刘邦以打猎时人与狗的角色差异来说明文臣萧何与武将们的功绩差异，以此说服大家，并提及"今萧何举宗数十人皆随我"。从此事可以看出，萧何封侯遭到武将们的强烈反对，刘邦说服武将们接受也非常困难。这一点从刘邦最后提及的"今萧何举宗数十人皆随我"亦可看出。刘邦举兵以后，郦商与王陵各率数千人，陈豨也率五百人的军队跟随刘邦，他们带领的追随刘邦的人数都超过萧何，但刘邦仍然特意提及"今萧何举宗数十人皆随我"，以强调萧何的功绩。

此后在为列侯排名时，也有类似的反对意见。《史记》卷五十三《萧相国世家》载：

> 列侯毕已受封，及奏位次，皆曰："平阳侯曹参身被七十创，攻城略地，功最多，宜第一。"上已桡功臣，多封萧何，至位次未有以复难之，然心欲何第一。

刘邦认为萧何功绩第一，给予他的食邑最多，在排列列侯次序时也想让他排名第一。不过，看到功臣们强烈反对，刘邦也不得不有所犹豫。此时，有名为鄂千秋之人为刘邦论萧何功。《史记》卷五十三《萧相国世家》记载如下：

> “群臣议皆误。夫曹参虽有野战略地之功，此特一时之事。……萧何常全关中以待陛下，此万世之功也。今虽亡曹参等百数，何缺于汉？汉得之不必待以全。奈何欲以一旦之功而加万世之功哉！萧何第一，曹参次之。”高祖曰：“善。”……上曰：“……萧何功虽高，得鄂君乃益明。”于是因鄂君故所食关内侯邑封为安平侯。……乃益封何二千户，以帝尝繇咸阳时何送我独赢奉钱二也。

萧何的功绩显然没有得到武将们的认可，因此鄂千秋不得不加以论说。并且，由于武将势力强大，故而连刘邦都不得不顾忌他们的意见。至于萧何益封二千户的理由“尝繇咸阳时何送我独赢奉钱二也”，不过是个借口。此外，鄂千秋仅凭这一席话就从关内侯升为安平侯，可以认为这是刘邦为了向群臣展现自己的坚定意志。

关于萧何封侯与排名的争执，很显然属于文臣与武将的对立。在这场对立中，刘邦始终站在文臣萧何一边。结果是萧何与曹参不和，曹参作为齐国之相迁往地方。从此结果可以看出，刘邦想公正地评价文臣的功绩。同时不容忽视的是，由于和平时代的到来，刘邦或许有意抑制武将势力。那么，刘邦为什么会采取这样的行动？其中的答案可以从西汉建立后刘邦的亲身体验中一探究竟。

刘邦的统治理念

刘邦战胜项羽，建立了西汉，然而他却在即位仪式上遇到了意想不到的事态。《史记》卷九十九《叔孙通列传》载：

> 汉五年，已并天下，诸侯共尊汉王为皇帝于定陶，叔孙通就其仪号。高帝悉去秦苛仪法，为简易。群臣饮酒争功，醉或妄呼，拔剑击柱，高帝患之。叔孙通知上益厌之也，说上曰："夫儒者难与进取，可与守成。臣愿征鲁诸生，与臣弟子共起朝仪。"高帝曰："得无难乎？"……上曰："可试为之，令易知，度吾所能行为之。"

出身平民，反对秦朝残酷政治而起兵的刘邦，讨厌秦朝烦琐的礼仪流程，希望能举行平民化的简单仪式，但却适得其反。群臣，恐怕也是武将们大肆"饮酒争功，醉或妄呼，拔剑击柱"。武将们倚仗军功，并不特别重视刘邦，这点很容易理解。《史记》也将此事态坦率记录为"高帝患之"。不仅如此，从前文所引刘邦与张良的对话（第 88 页）中也可以看出，迟迟不封侯会引起武将的不满。在这样的压力下，刘邦被迫先将自己最痛恨的雍齿封侯。在这种政治情况下，厌恶儒学的刘邦不得不接受叔孙通的建议，同意制定礼仪礼法。这恐怕是大大改变刘邦统治理念的一个转折点。

汉七年（前 200 年），长乐宫建成，按照叔孙通制定的礼仪礼法，诸侯群臣朝见皇帝。《史记》卷九十九《叔孙通列传》载：

> 自诸侯王以下莫不振恐肃敬。至礼毕，复置法酒。诸侍坐

殿上皆伏抑首，以尊卑次起上寿。觞九行，谒者言“罢酒”，御史执法举不如仪者辄引去。竟朝置酒，无敢欢哗失礼者。于是高帝曰：“吾乃今日知为皇帝之贵也。”乃拜叔孙通为太常，赐金五百斤。

前后两次体验，对刘邦而言的确形成了鲜明对比。通过采用礼仪，粗暴的功臣们变得柔顺，刘邦本人也第一次领略了皇帝之尊贵。这件事无疑给刘邦的内心带来了强烈冲击。

叔孙通制定礼仪的具体内容并未留下记载，但从事情的经过来看，可以推测其目的是抑制武将的力量。对此，《资治通鉴》卷第十一载：

初，秦有天下，悉内六国礼仪，采择其尊君、抑臣者存之。及通制礼，颇有所增损，大抵皆袭秦故……①

由此可知，叔孙通制定的礼仪，精髓在于“尊君抑臣”。另外，《汉书》卷二十二《礼乐志》载：

汉兴，拨乱反正，日不暇给，犹命叔孙通制礼仪，以正君臣之位。

西汉建立后，尽管待解决的问题多如牛毛，刘邦还是令叔孙通

①《史记》卷二十三《礼书》中也有类似记载。

制定礼仪，注重让君臣地位回到正轨，[①]由此可见刘邦迫切需要确立君臣上下关系的强烈意愿。另外与此相关的是，陆贾的治国理念也对刘邦产生了很大影响。《史记》卷九十七《陆贾列传》载：

> 陆生时时前说称《诗》《书》。高帝骂之曰："乃公居马上而得之，安事《诗》《书》！"陆生曰："居马上得之，宁可以马上治之乎？且汤武逆取而以顺守之，文武并用，长久之术也。……"高帝不怿而有惭色，乃谓陆生曰："试为我著秦所以失天下，吾所以得之者何，及古成败之国。"陆生乃粗述存亡之征，凡著十二篇，每奏一篇，高帝未尝不称善，左右呼万岁，号其书曰"新语"。

这场对话发生在何时不清楚，但肯定是在西汉建立后。出身平民，甚至对家业都毫不上心的刘邦原本对诗文不感兴趣，但作为国家的统治者，他很快便理解了陆贾所云。不仅如此，刘邦还让陆贾写成文章，"每奏一篇，高帝未尝不称善"。也就是说，陆贾的意见正是刘邦追求的目标。

通过与陆贾的对话，刘邦强烈认识到虽然马上能够夺取天下，但治理天下需要"《诗》《书》"。这里所说的"《诗》《书》"，不仅包括礼仪流程，还包括治国所需的法律与制度等。夺取天下需要勇猛的武将，但仅仅依靠武将们的力量很难维持国家的运营。并且到了

---

① 司修武在《黄老学说与汉初政治平议》（学生书局，1992年）中指出，西汉早期流行的黄老思想中存在"尊君抑臣"的思想。

和平时期，武将们的强势反而会对国家的稳定构成巨大威胁。对刘邦而言，进一步强化武将阶层的实力绝非可取之事。不仅是刘邦，历代王朝的开国皇帝之所以想要清除所谓的军功阶层，其理由就在于此。因此，刘邦尽可能地把军功卓著但没有行政能力的武将们排除在中央权力体系之外，积极起用文臣中的有能人才。[①]

刘邦的知人善任

“知人善任”指能够识别人才，并能够很好地使其发挥才能。每个人都有不同的才能与特性，不同的职位与不同的职责也需要不同的人才。为了实现组织的目标，需要将最合适的人才分配到各个职位上。因此，领导者需要具备识人才能与特性的能力，以及能够将人放在最大限度发挥其能力和特性的职位上的决断力，这是获得战斗胜利、竞争胜利的条件。

刘邦能在与项羽的战斗中获胜，建立西汉，并能够顺畅运营国家，正是他知人善任的结果。此外，刘邦的官僚任用标准与官僚任用政策并无特别之处，而是他知人善任带来的必然结果。在此，笔者将再利用若干史料印证刘邦的知人善任。

季布原本是项羽（项籍）的将军，能力卓越，信守承诺，号曰“一诺千金”。《史记》卷一百《季布列传》载：

> 项籍使将兵，数窘汉王。

---

① 关于此点，好并隆司在《前漢の君主権をめぐる内・外朝》(《史学論叢》1999 年第 29 号）中指出：“在汉初动乱之际，将军们表现活跃。但在政治统治上，文官继承了秦以来的传统，掌握权力。”

刘邦因此对季布深恶痛绝，在消灭项羽后，甚至不惜悬赏千金捉拿季布，并下令"敢有舍匿，罪及三族"等，将季布逼入死地。但是，刘邦当从夏侯婴处听说季布的人品及逼迫他走投无路的危害时，原谅了季布，召见并认可其才能，任命他为郎中。[①]郎中是在皇帝身边听从差遣的职务，通常只任用亲信中的亲信。但是，刘邦将曾经的敌方将领放在了这个重要位置。季布也没有辜负刘邦的信任，出色地完成了职责，在吕太后时被提拔为中郎将。《史记》卷一百《季布列传》又载：

> 单于尝为书嫚吕后，不逊，吕后大怒，召诸将议之。上将军樊哙曰："臣愿得十万众，横行匈奴中。"诸将皆阿吕后意，曰"然"。季布曰："樊哙可斩也！夫高帝将兵四十余万众，困于平城，今哙奈何以十万众横行匈奴中，面欺！且秦以事于胡，陈胜等起。于今创痍未瘳，哙又面谀，欲摇动天下。"是时殿上皆恐，太后罢朝，遂不复议击匈奴事。

樊哙是当时的上将军，从本书第二章的讨论可以看出，他当时的权力恐怕仅在吕太后之下。季布不顾自身的利害得失，阻止了樊哙无视现实的轻率行为，维护了西汉的安全。这是刘邦知人善任的一个很好的案例。刘邦应当正是看到了季布有忠诚、不迎合权力、冷静思考、直言不讳的品质，才令他在权力中枢任职。

①《史记》卷一百《季布列传》。

此外，韩信与陈平的例子也显示出刘邦的知人善任。与季布一样，这两人也曾为项羽麾下，但由于能力没有得到项羽的认可而逃离楚国，投奔刘邦。刘邦重用二人时，部下们非常吃惊，但韩信作为武将，陈平作为参谋，均为之后西汉的建立做出了巨大贡献。

对于刘邦的识人能力，《史记》卷九十二《淮阴侯列传》留下了这段著名的对话：

> 上常从容与信言诸将能不，各有差。上问曰："如我能将几何？"信曰："陛下不过能将十万。"上曰："于君何如？"曰："臣多多而益善耳。"上笑曰："多多益善，何为为我禽？"信曰："陛下不能将兵，而善将将。此乃信之所以为陛下禽也。"

此处的"善将将"与知人善任意思差不多，可以说恰当且具体地表现出了刘邦的能力。对于这种能力，刘邦自己也有认识，颇为自得。《史记》卷八《高祖本纪》载：

> [汉五年（前202年）]高祖置酒雒阳南宫。高祖曰："列侯诸将无敢隐朕，皆言其情。吾所以有天下者何？项氏之所以失天下者何？"高起、王陵对曰："陛下慢而侮人，项羽仁而爱人。然陛下使人攻城略地，所降下者因以予之，与天下同利也。项羽妒贤嫉能，有功者害之，贤者疑之，战胜而不予人功。得地而不予人利，此所以失天下也。"高祖曰："公知其一，未知其二。夫运筹策帷帐之中，决胜于千里之外，吾不如子房。镇国家，抚百姓，给馈饷，不绝粮道，吾不如萧何。连

百万之军，战必胜，攻必取，吾不如韩信。此三者，皆人杰也，吾能用之，此吾所以取天下也。项羽有一范增而不能用，此其所以为我擒也。”

这是刘邦对自己能力的评价，与韩信对他的评价有相通之处。像这样能够看到人的能力与特性，任命能够最大限度地发挥其能力的官职，这是刘邦的特征与能力，也是他的一贯做法。对这样的刘邦而言，不以军功或是侯爵任用官僚，而是以能力为本位，换言之，根据人的能力与特性任命官僚，自是理所当然。

地方官员的任用

如前文所见，朝廷高级官员三公九卿的任命以能力为本位。而在当时的西汉，还存在大量的地方官员。只有明了地方官员的任用标准，才能从整体上阐明西汉前期的官员任用政策。不过，与朝廷的三公九卿相比，地方官员的相关史料极少，很难详细讨论。因此笔者主要围绕郡太守展开考察。

关于刘邦时期的郡太守，从《史记》与《汉书》中可以确认名字的如表 3-3 所示，共计 12 人。其中，所谓军功受益阶层的最上层——被封侯者有 10 人。那么，这 10 人是在什么时候，因为什么理由被封侯的呢？

表 3-3　高祖时期的郡太守

郡名	太守名	侯名	事迹	封侯时间	封侯次序	列侯排名
常山	张仓	北平	至霸上，为常山守，得陈馀，为代相，徙赵相，侯。为计相四岁、淮南相十四岁。	六年（前 201 年）八月丁丑	64	65
河上	阎泽赤	故（敬）市	为河上守，迁为假相，击项羽，侯，千户，功比平定侯。	六年四月癸未	42	55
雁门	冯解敢	阏氏	以代太尉汉王三年（前 204 年）降，为雁门守，以特将平代反寇，侯，千户。	八年（前 199 年）六月壬子	93	100
河间	张相如	东阳	高祖六年，为中大夫，以河间守击陈豨力战功，侯，千户。	十一年（前 196 年）十二月癸巳	104	118
上党	孙赤	堂阳	以郎入汉，以将军击籍，为惠侯。坐守荥阳降楚免，后复来，以郎击籍，为上党守，击豨，侯，八百户。	十一年正月己未	109	77
中地	宣义	土军	高祖六年为中地守，以廷尉击陈豨，侯，千二百户。就国，后为燕相。	十一年二月丁亥	114	122
上党	任敖	广阿	为御史，守丰二岁，击籍，为上党守，陈豨反，坚守，侯，千八百户。	十一年二月丁亥	115	89

（续表）

郡名	太守名	侯名	事迹	封侯时间	封侯次序	列侯排名
河间	赵衍	须昌	以谒者汉王元年（前206年）初起汉中，雍军塞陈，谒上，上计欲还，衍言从他道，道通，后为河间守，陈豨反，诛都尉相如，功侯，千四百户。	十一年（前196年）二月己酉	116	107
淮阴	刘襄	桃	以客从汉王二年（前205年）从起定陶，以大谒者击布，侯，千户。为淮阴守。项氏亲也，赐姓。	十二年（前195年）三月丁巳	136	135
河南	周信	成陶	为吕氏舍人，度吕后淮之功，用河南守侯，五百户。	四年（前184年）四月丙申		
汉中	田叔		赵王张敖亲信。	×		
云中	孟舒		赵王张敖亲信。	×		

注：表中的"×"指未封侯，空白指情况不明。

首先，张仓、阎泽赤是在西汉建立前被任命为太守的，其任用显然与军功无关。

其次，冯解敢、张相如、孙赤、任敖、赵衍5人，如表3-3所示，是在做郡太守时参加了讨伐陈豨或守卫所在郡而被封侯。宣义于汉六年（前201年）为中地守，后以廷尉身份参与镇压陈豨，因此功绩封侯。此外，周信以河南守封侯。换言之，这 7 人虽然皆为列侯，但都是任命太守后封侯的。他们与朝廷的三公九卿一样，任职轨迹为“官→功→侯”。

田叔和孟舒稍后再讨论，唯一的例外是刘襄，他因军功封侯，而后被任命为淮阴太守。

如此可见，史料中可以确认的 12 个太守中，因军功封侯，之后被任命为太守者只有一人。也就是说，在地方官员的任用上，也难言存在依照军功的原则。

那么，刘邦时期的地方官员，尤其是郡太守的任用标准是什么？对此，可以通过汉中太守田叔与云中太守孟舒的任用经历稍加探讨。

田叔与孟舒原本是赵王张敖的亲信。张敖因涉嫌谋反与十几名亲信一同被捕，亲信们虽然受到严刑拷打，但不肯承认张敖谋反。最终，张敖摆脱谋反嫌疑被释放，向刘邦推荐了自己的亲信。《史记》卷一百四《田叔列传》载：

> 赵王敖得出，废为宣平侯，乃进言田叔等十余人。上尽召见，与语，汉廷臣毋能出其右者，上说，尽拜为郡守、诸侯相。

这十几人中就有孟舒。通过与刘邦的会面，他们被认为能力高于汉朝的廷臣，因此被拜为郡太守或诸侯王的丞相。这里值得注意的是，这些人此时第一次与刘邦见面，不过是交谈了一番。他们既没有为西汉与敌人作战的“功”，也没有长年跟随刘邦的“劳”。任用的理由只是因为有“能”。由此可见，地方官员的任用也与三公九卿一样，都是以能力为本位展开的。顺带一提，关于这些人的任用，还有一个不能忽视的因素，是"忠"。作为赵王的亲信，即使受到拷打也不背叛主人的态度受到了极高评价。因为，具有优异能力与极度忠诚的人才是在远离中央的地方任官必备的重要资质。

小 结

本章通过探讨刘邦时期朝廷三公九卿和地方郡太守的出身、履历、任官时间与封侯时间等内容，阐明了以下事实。

首先，刘邦时期的三公九卿、郡太守大多先任官，积功后封侯。正如刘邦"无功不得侯"这句名言表达的那样，军功与封侯密切相关，但并不一定与任官有关。由此可见，这三者之间最常见的关系并非"功→爵（侯）→官"，而是"官→功→爵（侯）"。所谓根据军功分配官职的原则，在刘邦时期并不存在。

其次，由于三公九卿中秦吏出身者较多，以及郡太守的人选基于能力任命，因此可以说，刘邦时期的官僚任用与其说基于军功，不如说更倾向基于适合各官职的专门知识与能力。这一时期的任官、军功及封侯关系以"能力→官→功→爵（侯）"来表示更为恰当。刘邦最终能够夺取天下、维持西汉政权的一大原因，就在于他知人善任的人才任用策略。为了夺取天下，重用有能力的武将，而为了治理天下，积极起用精通制度、法律、礼仪等事的人才。换言之，基于能力招揽人才是这一时期统治政策的重要支柱。

最后，西汉建立后，刘邦有意遏制那些身负巨大军功的武将的势力。因同样身为平民、一起战斗而在刘邦集团内部形成的对等伙伴关系，在西汉建立后突然转变为天子与臣下的主从关系。这种转变对刘邦而言是统治国家不可或缺之物，但武将们却不一定能坦然接受，这对刘邦而言就形成了一种威胁。可以认为，这是刘邦采取压制高军功武将、重用文臣的政策的理由。刘邦死后，该政策在吕太后时期也被继承下来。不言而喻，这对吕太后时期的统治政策与统治形态产生了极大影响。

肆

第四章

吕太后权力基础的衰弱与官僚任用政策的变化

在上一章，笔者通过讨论刘邦时期朝廷对三公九卿与地方郡太守的任用情况，明确了以下事实：当时不存在所谓的基于军功、列侯位次任用官员的规则，而是以能力为本位任用官员。之所以采取这样的政策，最重要的原因不仅在于刘邦能够发现人才，恰如其分地任用人才，还在于刘邦能根据礼仪、法律、制度（即“《诗》《书》”）展开统治。作为这一原因当然之结果，是在刘邦时期，比起有军功的武将，专业能力更强的文臣们被大量任用。

吕太后时期，基本继承了刘邦时期的政策，但既往研究并未明确回答官僚任用的政策具体是如何继承的。与西汉建立者、靠自身力量确立地位的刘邦相比，没有如上背景的吕太后所面临的政治状况完全不同以往。与刘邦一起战斗的功臣们，未必顺从刘邦的妻子吕太后和儿子惠帝，以及年幼的孙子少帝，尽管吕太后很早就开始在西汉政治中多有建树，但作为其后盾的长兄周吕侯吕泽去世得很早，刘邦之子惠帝还险些因此失去皇太子之位。虽然惠帝最终顺利继承了皇位，但他很难对抗强大的功臣们，就性格、能力而言也很难说具有掌控帝国的资质，更糟的是，惠帝在年仅 23 岁时就去世了。吕太后不得不再立年幼的孙子少帝刘恭。由此可见，刘邦之死本身就是对西汉统治的一个巨大打击。进入吕太后时期，她自己的权力基础也逐渐削弱。上述事实对理解吕太后时期的统治策略与权力分配具有极其重要的意义。

那么，吕太后在刘邦与惠帝死后是如何统治西汉的？又为此做了怎样的人事安排，怎样分配朝廷的政治权力？本章就这些问题展开分析，希望动态地阐明吕太后时期的权力分配是如何随着她所面临的政治形势变化而发生变化的。

"怏怏"派与曹参的任用

"怏怏"派

汉十二年（前195年），刘邦结束了他的戎马一生。对吕太后而言，这意味着进入了新时期。本书第三章明确指出，西汉建立以后，武将们没有得到足够的政治权力。因此，很容易推测，在刘邦刚刚去世之际，武将们的不满之情颇为高涨。《史记》卷八《高祖本纪》载：

> 四月甲辰，高祖崩长乐宫。四日不发丧。吕后与审食其谋曰："诸将与帝为编户民，今北面为臣，此常怏怏，今乃事少主，非尽族是，天下不安。"

"编户民"即平民，"诸将"与刘邦同为编户之民，是指丰沛出身的武将们原本是刘邦的伙伴，平时与刘邦不分上下。他们跟随刘邦举兵，冒着生命危险转战各地，为西汉的建立立下汗马功劳。西汉建立后，他们大多被封侯，瓜分了相应的地位与利益，但被排除在国家权力体系之外，与刘邦的关系也变成了臣下与天子之间服从与统治的上下级关系。武将们并不能坦然接受这样的现实，因此经常“怏怏”（不满的样子，后文将这些武将称为“‘怏怏’派”）。

甚至刘邦在世的时候，武将们也常常“怏怏”。不难想象，面对年轻的惠帝和身为妇人的吕太后，武将们俯首听命的想法就更弱了。这种态度对吕太后显然是一个巨大威胁。吕太后也察觉到了这一点，为了应对此严峻形势，她考虑将“族杀”诸将作为终极解决方案，但郦商指出了其中的危险性，于是吕太后不得不作罢。[①]结果，不满情绪高涨的武将们就这样存活下来，对吕太后时期的官僚任用政策产生了很大的影响。

接下来，笔者将通过吕太后时期朝廷三公九卿的任用，探讨这一时期的权力分配。

刘邦的遗言

在讨论吕太后时期的权力分配时，必须提到刘邦的遗言。《史记》卷八《高祖本纪》记载了刘邦去世前，与吕太后有过如下对话：

> 已而吕后问：“陛下百岁后，萧相国即死，令谁代之？”上曰：“曹参可。”问其次，上曰：“王陵可。然陵少戆，陈平可以助之。陈平智有余，然难以独任。周勃重厚少文，然安刘氏者必勃也，可令为太尉。”吕后复问其次，上曰：“此后亦非而所知也。”

---

① 关于此事，《史记》卷八《高祖本纪》载：“人或闻之，语郦将军。郦将军往见审食其，曰：‘吾闻帝已崩，四日不发丧，欲诛诸将。诚如此，天下危矣。陈平、灌婴将十万守荥阳，樊哙、周勃将二十万定燕、代，此闻帝崩，诸将皆诛，必连兵还乡以攻关中。大臣内叛，诸侯外反，亡可翘足而待也。’审食其入言之，乃以丁未发丧，大赦天下。”

根据这则逸闻，吕太后时期的三公大体被认为是按照刘邦的遗言任用的。但仔细研究这一史料，则会产生各种疑问。首先，吕太后以相国萧何之死为前提询问刘邦的相国安排（如下页表4-1所示），刘邦对萧何死后的人事安排说得过于准确。换言之，刘邦准确地预见了臣下的死亡顺序。其次，刘邦所云"然安刘氏者必勃也"显然是暗示15年后发生的"诸吕之乱"，"此后亦非而所知也"则暗示着吕太后那时已经去世了。换言之，刘邦准确地预知了15年后发生的重大事件及周勃在其中发挥的作用，甚至预测到了吕太后之死。这不符合常理。最后，萧何去世前，惠帝也询问他关于继任人的问题。《史记》卷五十三《萧相国世家》载：

> 何素不与曹参相能，及何病，孝惠自临视相国病，因问曰："君即百岁后，谁可代君者？"对曰："知臣莫如主。"孝惠曰："曹参何如？"何顿首曰："帝得之矣！臣死不恨矣！"

刘邦之前已安排曹参为萧何继任，而惠帝却再次询问萧何相国的继任者，此点殊难理解。综上所述，笔者不得不怀疑所谓的刘邦遗言是否存在。即使刘邦确有遗言，吕太后的人事安排也与遗言一模一样，也不能说这一安排完全与吕太后的意志无关。从吕太后在西汉建立过程中的活动及其对国政的参与可以看出，她具有卓越的见识、决断力和执行力。尤其考虑到在刘邦死后的4天里，吕太后秘而不宣，企图杀死功臣们，可以说她并非单纯按照刘邦遗言行事之人，而是能够根据自己所处的政治状况，依据自己对形势的判断展开行动。因此，作为唯一听到刘邦遗言之人，吕太后在刘邦遗言中加入她自己的意愿，似乎也并非不合理之事。事实上，萧何去世时，曹参远在齐国，但 22 天后即接任相国。[①] 而曹参去世时，王陵和陈平虽住在都城长安，但接任丞相则是在两个月之后。[②] 可以认为，这是由于当时的人事安排是吕太后经过深思熟虑后决定的。如果刘邦的遗言真实存在，而吕太后只是忠实地执行遗言，就没必要花费这么多时间。此外，围绕吕氏一族封侯的问题，王陵因违抗吕太后，名义上升任太子太傅，却被剥夺了实权（《史记》卷九《吕太后本纪》）。由此可见，即使刘邦真的留下了遗言，吕太后也有很大的裁量权。

那么，吕太后是如何分配中央权力的？对此，我想通过探讨西汉高级官员三公九卿的任用情况来加以揭示。

表 4-1 吕太后时期的三公任用

惠帝时期（前 194—前 188 年）							
	元年	二年	三年	四年	五年	六年	七年
丞相 / 相国	萧何	萧何 曹参	曹参	曹参	曹参	王陵 陈平	王陵 陈平
太尉	×	×	×	×	×	周勃	×
御史大夫	赵尧	赵尧	赵尧	赵尧	赵尧	赵尧	赵尧

---

①《汉书》卷十九下《百官公卿表》载："七月辛未，相国何薨。七月癸巳，齐相曹参为相国。"从辛未到癸巳，共计 22 日。

②《汉书》卷十九下《百官公卿表》载："八月己丑，相国参薨。十月己丑，安国侯王陵为右丞相，曲逆侯陈平为左丞相。"新丞相的任命花费了两个月的时间。

（续表）

少帝时期（前 187—前 180 年）								
	一年	二年	三年	四年	五年	六年	七年	八年
丞相 / 相国	陈平 审食其	陈平 审食其	陈平 审食其	陈平 审食其	陈平 审食其	陈平 审食其	陈平	吕产 陈平 审食其
太尉	×	×	×	周勃	周勃	周勃	周勃	周勃
御史大夫	任敖	任敖	任敖	曹窋	曹窋	曹窋	曹窋	曹窋

注：“×”意为当时官员人选空缺。

起用曹参

惠帝二年（前 193 年），萧何去世，曹参继任相国。对这一任命，既往研究只关注到了曹参的显赫军功，但忽视了曹参本为秦朝官吏，且能力与萧何不相上下。[①]曹参虽以武将而闻名，但与其他武将不同，他很熟悉国家行政的运作。曹参在担任齐国相国的 9 年间，留下了“齐国安集，大称贤相”（《史记》卷五十四《曹相国世家》）的政绩，这正体现了他的行政能力。由此也可以看出，曹参并非单纯因为有巨大军功而被任命为相国。此外，《汉书》卷二十三《刑法志》载：

> 汉兴，高祖……任萧、曹之文，用良、平之谋，骋陆、郦之辩，明叔孙通之仪，文武相配，大略举焉。

① 史料记载，曹参在与刘邦一同起兵前的身份为秦吏。如《史记》卷八《高祖本纪》载：“萧、曹等皆文吏……于是少年豪吏如萧、曹、樊哙等皆为收沛子弟二三千人……”

这里尤为重视曹参作为文官被任用的一面，加以强调。

过往的经历、军功，再加上当前的政绩，显示出曹参是萧何去世后最有力的继任人选。但即便如此，也不能保证惠帝与吕太后会选择曹参。[①]笔者认为任命曹参，应当有更现实与紧迫的理由。可以回想一下前文提及的吕太后所面临的政治形势，即从刘邦时期开始，武将们时常“快快”。而曹参可以说是“快快”派的核心人物。尽管他为西汉的建立立下了巨大军功，也被其他功臣认为应当军功第一，但却被刘邦安排在第二位（《史记》卷五十三《萧相国世家》）。不仅如此，他与萧何也由于封侯问题交恶，[②]因此“左迁”齐国的相国。[③]不

---

① 惠帝二年（前193年），相国萧何去世的消息传到齐国后，曹参“告舍人趣治行，‘吾将入相’”（《史记》卷五十四《曹相国世家》）。事实上，他也的确被任命为萧何的接班人。由于曹参的军功排名第二，因此既往研究倾向于将该史料作为西汉丞相根据军功排名而定的重要依据。确实，从上述史料来看，曹参似乎认为轮到自己了，其中的缘由与他的极高军功排名及在刘邦集团中的极高地位不无关系。但这说到底只是充分表明曹参具备成为相国的条件，而掌握任命权的惠帝与吕太后并不一定仅以此为理由任命他为萧何的接班人。事实上，根据史料记载，萧何去世前，惠帝曾询问过他谁可作为继任者。由此可见，对吕太后与惠帝而言，曹参虽然是相国最有力的候选人，但并不是唯一的候选人。

② 关于曹参与萧何的关系，《史记》卷五十四《曹相国世家》的《史记集解》载：“参始微时，与萧何善；及为将相，有却。”西汉建立前，两人是在前方作战的将领与在后方支援的相国，虽不是对立的关系，但建国后围绕军功评定与封侯问题产生了利益冲突。因此，笔者认为两人的不和是从此时开始的。

③ 像曹参这样的大功臣就任朝廷三公的可能性很大，因此担任诸侯国的相国属于降职。对此，从周昌被刘邦任命为赵王相国一事就可以看出。《史记》卷九十六《张丞相列传》载：“于是乃召周昌，谓曰：‘吾欲固烦公，公强为我相赵王。’周昌泣曰：‘臣初起从陛下，陛下独奈何中道而弃之于诸侯乎？’高祖曰：‘吾极知其左迁，然吾私忧赵王，念非公无可者。公不得已强行！’于是徙御史大夫周昌为赵相。”可见在当时的观念中，从中央到地方任官意味着左迁。具体参见美川修一：《所謂漢の高祖の功臣の動向について——吕后専権の基盤》，《中国前近代史研究》，雄山阁出版社，1980年。

难想象，这些事情令曹参心绪难平。而吕太后既然无法将心怀不满的武将全部"族杀"，就有必要以某种方式安抚武将们的不满情绪。如下文所述，吕太后时期基本沿袭刘邦时期的官僚任用方针，中央的三公九卿很少起用武将。由此可以推测，武将们的不满大概依然很强烈。因此，将身负最大战功的曹参安排在空缺的相国一职，应当就是为了减轻这种不满。

起用曹参的重要性还不止于此。当时存在一个现实问题，那就是刘邦生前逐次铲除异姓诸侯王，只让刘氏一族封王。刘邦健在时，这些刘姓诸侯王是支撑西汉的极其重要的势力，但在刘邦死后，这些势力有可能转化为对惠帝帝位具有潜在威胁的敌对势力。因为只要天下姓刘，那么但凡刘邦的儿子，或多或少都具有称帝的可能。[1]而在惠帝帝位的潜在挑战者之中，齐王刘肥无疑是最大的威胁。《史记》卷八《高祖本纪》载：

> 田肯……因说高祖曰："……夫齐，东有琅邪、即墨之饶，南有泰山之固，西有浊河之限，北有渤海之利。地方二千里，持戟百万，县隔千里之外，齐得十二焉。故此东西秦也。非亲子弟，莫可使王齐矣。"

齐地有着广阔的面积与地利条件；齐王刘肥是刘邦之子中最年长的，因此也拥有其他未成年诸侯王无法比拟的巨大力量。而辅佐拥有如此优势的齐王的，是对朝廷不满的曹参。刘邦在世时，这可

---

① "诸吕之乱"发生后，新皇帝就是从刘邦的其他儿子中选出的。

能不是什么大问题。但刘邦死后，这样的组合对惠帝与吕太后而言过于危险。[①]考虑到这一点，萧何死后，惠帝与吕太后将曹参召回朝廷担任相国，可以说并非基于军功，而是同时压制朝廷上的“怏怏”派与潜在竞争对手齐王的一石二鸟之策。

曹参的强权

曹参成为相国以后，以无为而治为宗旨，不行公务，每天只是喝酒，因此出现了以下逸事。《史记》卷五十四《曹相国世家》载：

> 惠帝怪相国不治事，以为“岂少朕与”？乃谓窋曰：“若归，试私从容问而父曰：‘高帝新弃群臣，帝富于春秋，君为相，日饮，无所请事，何以忧天下乎？’然无言吾告若也。”

惠帝怀疑自己因年轻而被曹参轻视，但又不能直接询问相国，于是让曹参的儿子曹窋打听，还特意补充说不要透露是自己询问的。由此可见，惠帝对曹参怀有敬畏之心。

曹窋以此事问曹参，曹参勃然大怒，鞭打了曹窋200下。而后命令曹窋：

---

① 这一点绝非杞人忧天。从笔者在第五章对“诸吕之乱”的讨论中可以看出，曹参的儿子曹窋在平定“诸吕之乱”的过程中表现突出，但事件发生后反而卸任御史大夫。卸任的具体理由史书中没有任何记载，但可以推测，他在齐国时与齐（哀）王刘襄关系极好，很可能是计划迎齐（哀）王为帝而与周勃等人对立，最终失势。如果真有此事，那么可以认为其父曹参与齐（悼惠）王刘肥可能也关系极近。

> 趣入侍，天下事非若所当言也。(《史记》卷五十四《曹相国世家》)

惠帝为此事责备曹参，曹参则反问："陛下自察圣武孰与高帝？""陛下观臣能孰与萧何贤？"惠帝都回答说不如。曹参进一步说道：

> 陛下言之是也。且高帝与萧何定天下，法令既明，今陛下垂拱，参等守职，遵而勿失，不亦可乎？(《史记》卷五十四《曹相国世家》)

上述对话表明，惠帝与曹参之间与其说是皇帝与大臣的关系，不如说是年轻人与年长者的关系。

从这段插曲可以看出，作为相国的曹参并不畏惧年轻的惠帝。的确，在为建立西汉立下丰功伟绩的曹参看来，与自己儿子差不多大的惠帝不过是个涉世未深的年轻人。换言之，曹参大概并不认为惠帝是绝对的君主，只是一个身份特殊的年轻人。这件事还显示出相国曹参及功臣们极其强势。

不过，对必须维护皇帝权力的吕太后而言，她绝不希望相国手握如此大权，这可能是此后相国权力被分割的原因所在。

分割相权与复设太尉

惠帝六年（前 189 年），相国曹参去世后，朝廷大刀阔斧地改革了官制，不设相国，分设左右丞相，[1]同时复设太尉一职。[2]如表4–1（第131~132页）所示，三公由原来的两人变成了四人。

这次官制改革的背景有二。一是削弱相国的权力。相国是朝廷官职中最高的职位，从上一节对曹参的相关讨论中可以看出，拥有巨大权力的相国横亘在年轻皇帝面前，让皇帝极其不适。为了加强皇权，削弱相权乃必要之事。

二是吕太后自身的权力基础在该时期被进一步削弱。惠帝三年（前192年）和惠帝六年（前189年），一直鼎力支持吕太后的仲兄吕释之与妹夫樊哙相继去世。如第一章所述，楚汉战争时期，吕释之在沛县与吕太后共同守卫家族，并且在吕太后的长兄吕泽死后阻止了刘邦更换皇太子。换言之，吕释之在长兄吕泽死后一直支持着吕太后。故而吕释之的死无疑削弱了吕太后的权力基础。而作为大将军掌握军权的樊哙与刘邦一样出身沛县，二人本就是朋友。樊哙为西汉建立做出了巨大贡献，他在数量众多的丰沛出身的“快快”派武将之中也拥有巨大影响力。[3]毋庸赘言，樊哙的死对吕太后也是

---

① 参见《汉书》卷十九上《百官公卿表》相关史料。

② 同上。

③《史记》卷九十五《樊哙列传》载：“先黥布反时，高祖尝病甚，恶见人，卧禁中，诏户者无得入群臣。群臣绛、灌等莫敢入。十余日，哙乃排闼直入，大臣随之。上独枕一宦者卧。哙等见上流涕曰：‘始陛下与臣等起丰沛，定天下，何其壮也！今天下已定，又何惫也！且陛下病甚，大臣震恐，不见臣等计事，顾独与一宦者绝乎？且陛下独不见赵高之事乎？’高帝笑而起。”刘邦生病后，禁止群臣进入宫中。群臣虽然担心刘邦，却只能遵旨。当时，只有樊哙违背刘邦的命令，带领大臣们擅自进宫，哭着责备刘邦。从上述史料中可以看出，樊哙与刘邦关系非常密切，是武将中的核心人物。

一个沉重打击。① 因此，吕太后认为自己的权力基础被削弱，故以曹参去世为契机，企图削弱三公的权力。即不置相国，分左右丞相，将相权分割给两个人，王陵为右丞相，陈平为左丞相。然后恢复太尉一职，令周勃担任。

那么，吕太后是基于怎样的想法确定左右丞相与太尉人选的？下文将对新上任的王陵、陈平和周勃的经历及三人的关系展开讨论，阐明这一问题。

右丞相王陵

王陵一直以来都被视为刘邦集团的核心成员，也是最忠于刘邦的人物之一。其理由主要有以下几点：第一，王陵出身沛县，与刘邦有着密切联系；第二，尽管王陵军功不高，但仍被封侯；第三，在刘邦的遗言中，王陵被指定为相国，并且事实上也成了丞相；第四，吕太后打算封吕氏一族为王时，只有王陵强烈反对。关于最后这一点，既往研究一直认为这是王陵为了保卫刘氏天下所采取的行动。从以上四点来看，王陵确实给人留下了与刘邦关系密切的印象。但是，如果仔细研究史料，会得出与上述看法不同的结论。

王陵虽出身沛县，但他加入刘邦集团及被封侯，却有着与其他集团成员不同的特殊背景。《史记》卷五十六《陈丞相世家》对王陵的经历记载如下：

---

① 正如第一章指出的那样，樊哙是吕太后的妹夫。刘邦去世之前，差点以"党于吕氏"的罪名杀死樊哙。从"党于吕氏"可以看出，樊哙是支持吕太后的重要人物。

> 始为县豪，高祖微时，兄事陵。陵少文，任气，好直言。及高祖起沛，入至咸阳，陵亦自聚党数千人，居南阳，不肯从沛公。及汉王之还攻项籍，陵乃以兵属汉。项羽取陵母置军中，陵使至，则东乡坐陵母，欲以招陵。陵母既私送使者，泣曰："为老妾语陵，谨事汉王。汉王，长者也，无以老妾故，持二心，妾以死送使者。"遂伏剑而死。项王怒，烹陵母。陵卒从汉王定天下。以善雍齿，雍齿，高帝之仇，而陵本无意从高帝，以故晚封，为安国侯。

从此史料可以看出，王陵原是沛县豪杰。刘邦微贱时，"兄事"王陵。所谓"兄事"，是指王陵作为兄长，地位在刘邦之上。因此，王陵在刘邦称沛公、进入咸阳后仍不屑追随刘邦。结果，由于母亲以死请求，不得已拜于刘邦麾下，但他的内心还是"本无意从高帝"。①王陵并没有从沛县起就跟着刘邦举兵，也没有追随刘邦舍命战斗。对西汉的建立，他自然也没什么战功。此外，王陵还与刘邦的仇人雍齿深交多年。雍齿也是沛县豪杰，刘邦还是平民时，多次被雍齿侮辱，因此刘邦一度想杀了雍齿。尤其是秦二世三年（前207年）十月，刘邦命令雍齿驻守丰邑，原本就不甘居刘邦之下的雍齿叛变，献出丰邑，投靠了魏国。刘邦因为此事憎恶雍齿及丰邑百姓

---

① 或许是因为王陵直率的性格受到人们的喜爱，对史书中的"而陵本无意从高帝，以故晚封，为安国侯"，自古以来就有各种讨论，其中多数为王陵辩护，认为史书所言有误（见泷川资言所著《史记会注考证》中《陈丞相世家》的王陵部分）。不过，从史书中记载的王陵性格与经历来看，他不愿意跟随刘邦反而更合理。

多年。[①]王陵虽然知道前因后果，依然与雍齿深交，说明他没有特殊对待刘邦。从上述情况来看，很难将王陵视为刘邦集团的核心成员，进而也难以理解刘邦为何会在遗言中提名他为相国。但是，如果考虑到王陵与吕太后的关系，就能够解开这一谜题。《史记》卷十八《高祖功臣侯者年表》载：

> 入汉，守丰。上东，因从战不利，奉孝惠、鲁元出睢水中，及坚守丰……

从这则史料可以看出两件事。一是王陵守卫过丰邑。因为吕太后也在丰邑，二人在此期间可能有很多接触。二是王陵帮助过吕太后的子女惠帝与鲁元公主，这一点非常重要。由此可以推测，吕太后对王陵非常感激。可以认为，这种个人联系是吕太后任命王陵为丞相的背景之一。

而不愿屈服于刘邦的王陵在面对吕太后时，依然坚持自己的主张。《史记》卷九《吕太后本纪》载：

> 太后称制，议欲立诸吕为王，问右丞相王陵。王陵曰："高

①《史记》卷八《高祖本纪》载："[汉十二年（前195年）冬十月]高祖还归，过沛，留。置酒沛宫，……谓沛父兄曰：'游子悲故乡。……其以沛为朕汤沐邑，复其民，世世无有所与。'……沛父兄皆顿首曰：'沛幸得复，丰未复，唯陛下哀怜之。'高祖曰：'丰吾所生长，极不忘耳，吾特为其以雍齿故反我为魏。'沛父兄固请，乃并复丰，比沛。"高祖留驻沛县，免去沛县的赋税。沛县的父老希望将丰邑的赋税也免除，但高祖坦言心中所想："吾特为其以雍齿故反我为魏。"雍齿率领丰邑叛变，深深伤害了刘邦的感情。刘邦经过10年也不能原谅此事，不愿免除丰邑的赋税。

帝刑白马盟曰‘非刘氏而王，天下共击之’。今王吕氏，非约也。”太后不说。

此外，《史记》卷五十六《陈丞相世家》记载：

> 吕太后怒，乃详迁陵为帝太傅，实不用陵。陵怒，谢疾免，杜门竟不朝请，七年而卒。

王陵当面反对吕太后，被吕太后虚尊为太傅后，就气愤称病，连朝请都不参与。由此可见，王陵不仅不顺从刘邦，也不顺从吕太后。刘邦与吕太后对这样的王陵束手无策，不得不加以容忍。一直以来，人们都将王陵对抗吕太后一事理解为守护刘氏天下，但是从王陵的任侠性格及其与刘邦的关系来看，与其说他是为了守护刘氏天下，倒不如说是因为他作为任侠有着必须遵守约定的信念。

综上所述，王陵可以说是典型的“怏怏”派。他虽然没有政治野心，但是人望很高，有很大的影响力。从史料可以看出，刘邦进入咸阳时，王陵已经拥有数千人的军队，甚至连项羽都想强行将他纳入麾下。此外，王陵原本是沛县的“豪”，在沛县出身的武将中间拥有很大的影响力。吕太后之所以起用与自己有渊源的王陵为丞相，大概是出于关照包括王陵在内的沛县出身的“怏怏”派的考虑。

左丞相陈平

左丞相陈平的任用显然是为了削弱相权。陈平与王陵是完全不同的类型，他不受主义、主张的束缚，为人机敏，会顺应周围事态的变化，在逆境中也能凭借过人的智慧与想法达到目的。自楚国逃亡到汉的那一天起，陈平就得到了刘邦的深厚信任，此后作为刘邦的心腹与之同进退，为建立西汉做出了巨大贡献。因此，西汉建立后不久，陈平第九位封侯，食邑五千户。

刘邦去世时，陈平正在代郡返回长安的途中，尽管接到了留守荥阳的诏书，但他还是专程赶到了吕太后处，以此获得深厚信任，被任命为郎中令。惠帝六年（前 189 年），王陵被任命为右丞相，陈平同时被起用为左丞相。不仅是刘邦，吕太后也很信赖陈平，因此既往研究往往认为陈平是以吕太后亲信的身份受到重用。[①] 陈平也没有辜负吕太后的期望。举例而言，惠帝去世时，吕太后虽然哭号，却不流泪。对此，张良的儿子张辟彊向丞相建议：

> 辟彊曰："帝毋壮子，太后畏君等。君今请拜吕台、吕产、吕禄为将，将兵居南北军，及诸吕皆入宫，居中用事，如此则太后心安，君等幸得脱祸矣。"丞相乃如辟彊计。太后说，其哭乃哀。吕氏权由此起。(《史记》卷九《吕太后本纪》)

此时王陵为右丞相，陈平为左丞相。王陵的性格已如前所见，因此能够接受该建议的只有陈平。此外，《史记》卷九《吕太后本纪》载：

> [吕后七年（前 181 年）二月] 太傅产、丞相平等言，武信

---

① 对于这一点，李开元先生也在《漢帝国の成立と劉邦集団：軍功受益階層の研究》(汲古书院，2000 年）中表达了同样的看法。

侯吕禄上侯，位次第一，请立为赵王。

也就是说，对吕氏一族的封王，陈平发挥了相当积极的作用。

综上所述，陈平在增强吕氏一族权力的诸吕入宫与吕氏封王事件中做出了积极贡献。从陈平的这一态度及吕太后对他的信任程度来看，任命陈平为丞相之一是可以理解的。

太尉周勃

王陵与陈平被任命为左右丞相的同时，周勃被任命为太尉。刘邦生前，太尉一职只设置过一段时期。刘邦去世后，樊哙成为上将军，掌握军权。但是，樊哙于惠帝六年（前189年）去世，这或许是重设太尉的原因。[①] 众所周知，周勃的确是一位名将，是第十七

---

①《汉书》卷十九下《百官公卿表》载："[惠帝六年]绛侯周勃复为太尉，十年，迁。"据此史料，可以解释为周勃在惠帝六年就任太尉，十年，即文帝元年（前179年）之前一直任太尉。不过，这里的"十年"有误。因为根据《史记》卷九《吕太后本纪》载，吕太后四年（前184年）"置太尉官，绛侯勃为太尉"。因此惠帝六年至吕太后四年，太尉一度被撤废，吕太后四年时才重新设置。周勃何时被解职尚不清楚，《汉书》卷二《惠帝纪》载："七年冬十月，发车骑、材官诣荥阳，太尉灌婴将。"西汉的历法以十月为岁首，"七年冬十月"即惠帝七年（前188年）的第一个月，故周勃被解除太尉职务当在惠帝六年。而且，虽然有"太尉灌婴"的记述，但在《汉书》的《百官公卿表》与《灌婴传》中没有他就任太尉的记载。此外，当时存在带领军队外出作战时暂时被任命为太尉，返回后卸任的惯例。据此推测，灌婴与其说是正式接替周勃出任太尉，不如说是临时就任此职。惠帝于七年去世，与刘、吕两家存在亲戚关系的刘泽被任命为大将军，故可以推测吕太后元年（前187年）至三年（前185年）皆无太尉。相关史料证据见《史记》卷九《吕太后本纪》："太后称制，议欲立诸吕为王，问右丞相王陵。……太后不说。问左丞相陈平、绛侯周勃。……"此处的"太后称制"，显然是吕太后元年之事。"问右丞相王陵""问左丞相陈平、绛侯周勃"，可见王陵与陈平有官职，而周勃并未写为"太尉"，只写为"绛侯"，说明此时周勃不是太尉。

位封侯者，可见其功劳也得到了刘邦的认可。西汉建立后，周勃跟随刘邦或单独率领军队与韩王信、陈豨、卢绾等人作战并取得战功，但没有在朝廷中任职。从这些情况来看，周勃很可能也是"怏怏"派。与其他官职不同，太尉是军职，任用武将是理所当然的，吕太后大概是考虑到这一点，于是任命周勃为太尉。

王陵、陈平和周勃的关系

将上述三人任命为三公的背景中，还有一个重要的用意，那就是陈平、周勃和王陵三者的关系未必良好。首先，陈平与周勃的关系见于《史记》卷五十六《陈丞相世家》：

> 绛侯、灌婴等咸谗陈平曰："平虽美丈夫，如冠玉耳，其中未必有也。臣闻平居家时，盗其嫂；事魏不容，亡归楚；归楚不中，又亡归汉。今日大王尊官之，令护军。臣闻平受诸将金，……平，反覆乱臣也，愿王察之。"

从该史料可以看出，沛县出身的周勃等武将相当鄙视陈平这种反复无常之人，对其戒心很重。这是陈平刚刚投靠汉王时发生的事情，但这种鄙视和戒心一直存在。《史记》卷九十七《陆贾列传》载：

> 吕太后时……右丞相陈平患之。……陆生曰："天下安，注意相；天下危，注意将。将相和调，则士务附；士务附，天下虽有变，即权不分。为社稷计，在两君掌握耳。臣常欲谓太尉绛侯，绛侯与我戏，易吾言。君何不交驩太尉，深相结？"为

> 陈平画吕氏数事。陈平用其计，乃以五百金为绛侯寿，厚具乐饮；太尉亦报如之。此两人深相结，则吕氏谋益衰。

由此可见，陈平与周勃在“诸吕之乱”之前一直不和。擅长权谋的陈平接受陆贾的建议，热情款待周勃，双方以此为契机，关系终于得到改善。

其次，关于王陵与周勃、陈平的关系，也流传着如下故事。从史料中可以看出，在吕氏封王的问题上，王陵明确反对，但陈平与周勃则容忍了此事，双方由此出现对立。《史记》卷九《吕太后本纪》载：

> 太后称制，议欲立诸吕为王，问右丞相王陵。王陵曰：“高帝刑白马盟曰‘非刘氏而王，天下共击之’。今王吕氏，非约也。”太后不说。问左丞相陈平、绛侯周勃。勃等对曰：“高帝定天下，王子弟，今太后称制，王昆弟诸吕，无所不可。”太后喜，罢朝。王陵让陈平、绛侯曰：“始与高帝啑血盟，诸君不在邪？今高帝崩，太后女主，欲王吕氏，诸君从欲阿意背约，何面目见高帝地下？”陈平、绛侯曰：“于今面折廷争，臣不如君；夫全社稷，定刘氏之后，君亦不如臣。”王陵无以应之。

从该史料可以看出，这三人的想法与价值观有很大不同。在脾气暴躁、心直口快的王陵看来，陈平与周勃行为不坚定，是在迎合权力。

就这样，曹参去世后，吕太后将相权一分为二，并恢复了太尉一职。新任命的三人因性格与价值观不同而关系微妙。吕太后的这一人事安排，可以说是经过了精密的算计。换言之，吕太后通过任用这三人来分散权力，同时利用三人的关系牵制彼此，维持政局平衡。

吕太后的不安与任用亲信

惠帝之死

惠帝七年（前 188 年），年仅 23 岁的刘盈去世了。这件事对吕太后而言无疑是一个沉重打击。刘邦之死意味着西汉的统治失去了支柱，但年轻的惠帝即位，至少形式上还维持着西汉的统治。惠帝一死，这种形式上的统治也难以为继。而即便是惠帝在世时，如何维持非常不安定的国家也一直是压在吕太后肩上的沉重课题。吕太后因惠帝之死陷入了极度的不安与恐惧之中。《史记》卷九《吕太后本纪》载：

> [惠帝]七年秋八月戊寅，孝惠帝崩。发丧，太后哭，泣不下。

自己依赖的儿子年纪轻轻就去世了，作为母亲的吕太后哭号却不流泪。她之所以流不出眼泪，正是因为害怕丞相等功臣集团。惠帝之死带来的这种不安，极大地影响了吕太后的人事政策。

任用审食其

惠帝去世后，其子，也就是吕太后的孙子少帝刘恭即位。由于少帝刘恭年幼，吕太后以临朝称制的形式掌握了西汉的最高权力。

为了强化自身的权力基础，吕太后打算给吕氏一族封王，但遭到右丞相王陵的强烈反对。因此，王陵从丞相一职上离任，陈平转任右丞相，另任命审食其为左丞相。

关于审食其，人们一直以来只关注到他是吕太后的心腹。但不可忽视的一点是，在此之前，审食其也是刘邦的心腹。因此，笔者认为审食其的任用对维持吕太后政权具有非常重要的意义。证明审食其是刘邦心腹的证据主要有两点：一是刘邦举兵后将家人托付给审食其，如果没有对审食其的绝对信任，就不会有此行为；二是收到卢绾叛乱的情报时，刘邦派审食其前往辨别真伪。《史记》卷九十三《卢绾列传》：

> 汉十二年（前195年）……高祖使使召卢绾，绾称病。上又使辟阳侯审食其、御史大夫赵尧往迎燕王，因验问左右。

刘邦得知卢绾与叛乱的陈豨勾连，于是派赵尧与审食其去查明真相。御史大夫是与诸侯王管理密切相关的官职，①因此派遣身为御史大夫的赵尧前去十分合理。但为何当时没有担任任何官职的审食其也被派去？刘邦与卢绾是同一天出生的儿时好友，关系比亲兄弟还要亲密。因此在西汉建立后，卢绾被任命为太尉，之后又被封为燕王。刘邦集团中成为地方诸侯王的只有卢绾一人。关于两人的亲密关系，《史记》卷九十三《卢绾列传》记载：

---

① 熊谷滋三：《前漢の典客・大行令・大鴻臚》，《東洋史研究》2001年第59卷第4号。

> 及高祖初起沛，卢绾以客从，入汉中为将军，常侍中。从东击项籍，以太尉常从，出入卧内，衣被饮食赏赐，群臣莫敢望，虽萧曹等，特以事见礼，至其亲幸，莫及卢绾。

刘邦集团中虽有大量出身沛县之人，但刘邦将挚友卢绾叛乱这一重大事件的确认工作委托给审食其来办，可见对其信任之深。同时也可以推测，审食其与卢绾也相交颇深。①

由此看来，审食其恐怕在刘邦集团中有相当高的地位与很大的影响力，其中一个依据是他在"诸吕之乱"之后的待遇。与吕氏一族有亲密关系者，比如吕太后时期的太中大夫张买、吕它及官职不明的冯代等人都在此事件中连坐被杀，审食其尽管与吕氏一族关系密切，却没有被问罪。不仅如此，尽管时间很短暂，"诸吕之乱"后审食其还再次被任命为丞相。这一任命具有非常重要的意义，大概是周勃等人希望通过任命审食其为丞相来稳定混乱的政治局势。换言之，审食其在功臣之中也有着相当大的人望与影响力。

审食其在沛县保护刘邦家族的过程中，也与吕太后建立起了很强的信赖关系。尤其是吕太后被项羽抓住后，他一直陪在吕太后身边照顾，两人的关系变得更加亲密。故刘邦去世后，甚至有传闻说两人有不正当关系，审食其也因此险些被惠帝所杀。

综上所述，审食其与刘邦、吕太后关系甚为亲密。同时，审食

---

① 刘邦经常利用私人关系来探究事情真相。赵王张敖及其家臣贯高因谋反被捕。尽管受到严刑拷打，贯高仍坚称张敖无罪。得知此事的刘邦云："壮士！谁知者，以私问之。"（《史记》卷八十九《张耳列传》）显然，越是关系亲密的人，越容易得到可靠信息。

其在丰沛集团中也是功勋元老。吕太后一方面可以通过任命他为左丞相来安抚丰沛集团功臣的不满；另一方面将之作为自己的心腹，把国政交给他处理。

起用任敖与曹窋

起用任敖为御史大夫又有怎样的背景呢？既往研究中，起用任敖一事并未受到特别重视，只是将他作为一个被起用的列侯。但任敖被封侯是在汉十一年（前 196 年），是第 115 位封侯者，时间相当晚。因此他出任御史大夫应不是基于军功，而是另有原因。《史记》卷九十六《张丞相列传》载：

> 任敖者，故沛狱吏。高祖尝辟吏，吏系吕后，遇之不谨。任敖素善高祖，怒，击伤主吕后吏。

从该史料可以看出，任敖本是沛县狱吏，吕太后被监禁时狱吏无礼，任敖便把那个狱吏教训了一顿。对遭遇不幸的吕太后而言，任敖这种行为非常难得。由此来看，任敖与吕太后在刘邦举兵前就已相识，并且由于这件事，吕太后对任敖抱有好感。此外，《史记》卷十八《高祖功臣侯者年表》载：

> 以客从起沛，为御史，守丰二岁，击籍，为上党守，陈豨反，坚守，侯，千八百户。后迁御史大夫。

首先引人注目的是“为御史”一句。因为任敖是秦朝官吏，这恐怕是刘邦称沛公后任命他为御史。其次，"守丰二岁"也值得关注。这里的"二岁"具体时间不明。刘邦夺回一度失去的丰邑是在秦二世二年（前 208 年）一月，六月移居薛县。此时距离汉二年（前 205 年）五月的彭城大战还有 3 年。彭城大战结束后，吕太后与刘太公被项羽俘虏，惠帝与鲁元公主随刘邦一起逃亡，丰邑此时已无守卫的必要。因此，任敖驻守丰邑的两年当在秦二世二年六月至汉二年五月之间。换言之，刘邦远征后，任敖与审食其、吕太后、吕太后的仲兄吕释之一起驻守丰邑。笔者认为，他们正是在此期间建立起了很强的信赖关系。

西汉建国至惠帝六年（前 189 年），任敖为上党太守。惠帝死后，御史大夫赵尧因曾向刘邦提出保护赵王如意的策略，被吕太后罢免，由任敖继任。当时，尽管还有许多其他功臣可选，吕太后却特意提拔身在外地的任敖，并非因为他军功卓著，而是由于他曾任秦朝官吏、刘邦御史等官职，这些经验使他有了胜任御史大夫的能力。此外，西汉建立前就与吕太后建立起来的信赖关系应当也是很重要的原因。

任敖任职御史大夫只有 3 年，被解职的原因也没有明确记载。随后，曹参的儿子曹窋继任御史大夫。显然，撇开其他功臣，任命曹窋担任御史大夫也并非基于军功的人事安排。由于没有留下相关记载，曹窋被任命为御史大夫的确切原因不得而知。但是从本章第一节所引史料（第 136 页）可以看出，曹窋在惠帝时担任过侍中，身处政治中枢，积累了各种各样的经验与相应的能力。并且，由于曹窋长年就职宫中，故而与吕太后的接触也很多。从这一点可以看出，曹窋受到吕太后的青睐与信赖。

由此可见，在惠帝去世后的三公任用上，与吕太后的个人关系是相对更受重视的因素。

吕氏一族的任用

综上所述，随着权力基础被削弱，吕太后开始起用更亲近自己的人。但随着年龄的增长，吕太后恐怕对之前依靠的文臣也产生了不信任感，其结果则是开始重用吕氏一族。

《史记》卷九《吕太后本纪》载：

> 左丞相不治事，令监宫中，如郎中令。食其故得幸太后，常用事，公卿皆因而决事。

这则史料说明作为心腹的左丞相审食其在宫中与吕太后共同决策，右丞相陈平则在丞相府执行决策。尽管如此，吕太后还是逐渐不再信任陈平。《史记》卷五十六《陈丞相世家》：

> [吕太后的妹妹]吕媭……数谗曰："陈平为相非治事，日饮醇酒，戏妇女。"陈平闻，日益甚。吕太后闻之，私独喜。

陈平虽是丞相，却不理政事，沉溺于酒与女色。值得注意的是，听到谗言的陈平并没有改变自己的行为，而是愈发放肆了。奇怪的是，吕太后听说丞相荒废工作，不但没有生气，反而暗自高兴。为何会出现如此异常之事？从吕太后所处的立场来看，这绝非不可思议。随着自身权力基础被削弱，吕太后对大臣们的疑心越来越重，较之他们四处活动与扩大影响力，无所事事、沉溺酒色更令人安心。对政治形势敏感的陈平正是察觉到吕太后的想法，才更加放肆，想消除吕太后的不安。吕太后暗自高兴，也正是由于此。

吕太后八年（前 180 年），吕雉走到了生命尽头。在前一年，吕太后预感到自己命不久矣，担心自己一死，惠帝一脉的统治就会中断，于是决定起用自己的亲人作为最后的防范手段。

首先，关于军权。《汉书》卷三《高后纪》载：

> [七年]以梁王吕产为相国，赵王禄为上将军。立营陵侯刘泽为琅邪王。

吕太后封营陵侯刘泽为琅邪王的理由是"恐即崩后刘将军为害，乃以刘泽为琅邪王，以慰其心"（《史记》卷九《吕太后本纪》）。也就是说，吕太后去世前，对此前信赖的刘泽也不再相信，让他回到琅邪国的封地，把他的军权交给了自己的侄子吕禄。

其次，关于行政权。如前所述，时任丞相者为左丞相审食其与右丞相陈平。晚年的吕太后也不再信任右丞相陈平，因此她在去世之前，以太傅"吕产为相国"，剥夺了审食其与陈平的实权。①

通过一系列的人事安排，军队与行政的最高权力都归于吕太后的亲人。结果，周勃身为太尉却无法统率军队，陈平身为丞相却无法履行职务。

---

① 据镰田重雄在《秦漢政治制度の研究》（日本学术振兴会，1962 年）中所言，丞相辅佐相国，为尊崇丞相而拜任相国。因此，相国的地位高于丞相。

吕太后时期三公的情况可归纳为表 4–2。以上分析表明，吕太后时期的人事变动与吕太后的权力基础紧密关联。每当吕太后的权力基础被削弱之时，都会出现很大的人事变动。具体而言，吕太后为了解决刘邦时期延续下来的功臣待遇问题，首先将功臣集团中最有功绩的曹参任命为相国，表现出与武将妥协的姿态。但随着仲兄吕释之与妹夫樊哙去世，吕太后的权力基础再次被削弱，于是她把相权一分为二，在此基础上将与自己有一定联系的“怏怏”派王陵任命为右丞相，同时将自己信任的陈平任命为左丞相。并且，为了平衡武将一方，又复设太尉一职，令周勃担任。不过，惠帝的死让吕太后的权力基础进一步弱化，因此她又将相权从“怏怏”派王陵处收回，起用了自己的心腹审食其，军队的统率权也给了有亲戚关

表 4–2　吕太后时期三公的履历

官职	姓名	出身	封侯次序	列侯排名
丞相 / 相国	萧何	秦吏	15	1
	曹参	秦吏	1	2
	王陵	沛豪	59	12
	陈平	楚都尉	9	47
	审食其	不明	61	59
	吕产	吕太后之侄	×	
太尉	周勃	织曲者	17	4
御史大夫	赵尧	不明	112	废
	任敖	秦吏	115	89
	曹窋	曹参之子	×	

注：“×”意为任官时无列侯爵位。

系的刘泽。而临死前，吕太后由于担心吕氏家族的权力被夺，于是最后一搏，将军队与行政的最高权力全部交给了自己的亲属。就这样，随着权力基础被削弱，吕太后被置于日益严峻的政治环境中，而国家权力则逐渐集中到了吕太后的亲属手中。

九卿的任用

前文对吕太后时期的三公人选做了分析，明确了所谓基于军功的官僚任用原则并不存在。吕太后时期官僚任命的一大特点是随着吕太后权力基础被削弱，选拔时不仅看重行政能力与专业能力，并且越来越看重与吕太后之间的信任关系。那么，九卿又是以怎样的标准任命的？笔者下面就对吕太后时期九卿的任用情况展开探讨。

《史记》《汉书》中可以确认在吕太后时期任职九卿的人，如下页表 4–3 所示。从表 4–3 可以看出，与刘邦时期相比，吕太后时期关于九卿的记载更不完整。不过在可以确认的范围内，通过研究这一时期九卿的任用状况，能够明确吕太后时期官僚的任用标准。

首先可以看出，在惠帝时期，九卿的人事安排比较稳定，人事变动并不多。这一时期的人事安排基本上是直接任用刘邦时期的成员。发生人事变动的只有卫尉刘泽、廷尉杜恬、廷尉宣义、典客审食其。廷尉杜恬是刘邦时期的内史，惠帝三年（前 192 年）由内史转迁廷尉。廷尉宣义在刘邦时期就担任过该职，惠帝时以同样的标准被重新起用为廷尉。需要注意的是，这些人在被任用时几乎未被封侯，其中唯一拥有列侯身份的是典客审食其。

到少帝时期，奉常根、郎中令冯无择、郎中令贾寿、卫尉卫无

表 4-3　吕太后时期的九卿任用

惠帝时期（前 194—前 188 年）							
	元年	二年	三年	四年	五年	六年	七年
奉常	叔孙通	叔孙通	叔孙通	叔孙通	叔孙通	叔孙通	×
郎中令							
卫尉	刘泽	刘泽？	刘泽？	刘泽？	刘泽？	刘泽？	刘泽？
太仆	夏侯婴	夏侯婴	夏侯婴	夏侯婴	夏侯婴	夏侯婴	夏侯婴
廷尉	育？	育？	杜恬	杜恬？	杜恬？	宣义	宣义？
典客	薛欧	薛欧	薛欧	薛欧	薛欧	薛欧	审食其
中尉							
少府	阳城延	阳城延	阳城延	阳城延	阳城延	阳城延	阳城延

少帝时期（前 187—前 180 年）								
	元年	二年	三年	四年	五年	六年	七年	八年
奉常							根	根？
郎中令	冯无择	冯无择？	冯无择？	冯无择？	贾寿？	贾寿？	贾寿？	贾寿
卫尉				卫无择	卫无择？	卫无择？	卫无择？	卫无择？
太仆	夏侯婴	夏侯婴	夏侯婴	夏侯婴	夏侯婴	夏侯婴	夏侯婴	夏侯婴
廷尉							围	
典客							刘揭	
中尉								
少府	阳城延	阳城延	阳城延	阳城延	阳城延	阳城延		

注：“？”为基于史料的推测，“×”为官职空缺，空白为情况不明。

择、廷尉围、典客刘揭都是新任命的九卿。史书中几乎看不到有关廷尉围和奉常根的记载，不知他们是以什么理由被任用的。不过可以确定的是，二人均未被封侯，由此可见，他们并非因为军功卓著而被任用。典客刘揭于汉十二年（前195年）时为郎，在平定"诸吕之乱"过程中功勋卓著，文帝元年（前179年）首次被封侯，可见他成为典客时还不是侯。

卫尉与郎中令分别负责宫中与殿内的警备，两者直接关系到皇帝的安全，因此任职者都是皇帝的亲信。吕太后时期，在新任命的卫尉与郎中令四人中，可以确认有三人是惠帝与吕太后的亲信。

首先来看刘泽。他就任卫尉的时候虽然已被封侯，但列侯的身份并非他被任命为卫尉的原因。刘泽是刘氏家族成员，也是吕太后的甥婿（吕媭与樊哙的女婿）。可以认为，源自这种双重亲缘关系的信任是刘泽担任该职位的一大因素。因此，在刘泽任卫尉一事上，较之军功，更具决定性的因素是与吕太后之间的信赖关系。

其次来看郎中令冯无择。《史记》卷十九《惠景间侯者年表》载：

> 以悼武王郎中，兵初起，从高祖起丰，……力战，奉卫悼武王出荥阳，功侯。

从这段记载可以看出，冯无择是吕太后长兄周吕侯吕泽的亲信，也是吕氏一族的亲信。尤其是其子冯代在"诸吕之乱"后"坐吕氏事诛"，可见冯无择一家与吕氏一族关系极为密切。[①]

---

①《史记》卷九《吕太后本纪》载："四月，太后欲侯诸吕，乃先封高祖之功臣郎中令无择为博城侯。"从这一记载可以看出，冯无择先为郎中令，后被封侯。

最后来看郎中令贾寿。他的经历无法确认，但正如第二章所见，“诸吕之乱”发生当天，是贾寿的使者敦促吕产尽快入未央宫，可见他是吕氏一族的亲信。

因缺乏史料，无法直接判断卫尉卫无择是否为吕氏一族的亲信，但由于他因卫尉一职而封侯，因此很明显，他不是因军功而任卫尉。此外，从该职位的特殊性来看，卫无择无疑也是吕氏一族的亲信。

综上所述，吕太后时期九卿的情况可归纳为表 4–4。

表 4–4　吕太后时期的九卿履历

<table>
<tr><th>官职</th><th>姓名</th><th>出身</th><th>封侯次序</th><th>列侯排名</th></tr>
<tr><td>奉常</td><td>根</td><td>不明</td><td>×</td><td></td></tr>
<tr><td rowspan="2">郎中令</td><td>冯无择</td><td>不明</td><td>×</td><td></td></tr>
<tr><td>贾寿</td><td>不明</td><td>×</td><td></td></tr>
<tr><td rowspan="2">卫尉</td><td>刘泽</td><td>刘、吕两家亲戚</td><td>113</td><td>88</td></tr>
<tr><td>卫无择</td><td>队卒</td><td>×</td><td></td></tr>
<tr><td>太仆</td><td>夏侯婴</td><td>秦吏</td><td>4</td><td>8</td></tr>
<tr><td rowspan="4">廷尉</td><td>育</td><td>不明</td><td>×</td><td></td></tr>
<tr><td>杜恬</td><td>御史</td><td>111</td><td>108</td></tr>
<tr><td>宣义</td><td>中地守［汉六年（前 201 年）］</td><td>114</td><td>122</td></tr>
<tr><td>围</td><td>不明</td><td>×</td><td></td></tr>
<tr><td>典客</td><td>刘揭</td><td>郎［汉十二年（前 195 年）］</td><td>×</td><td></td></tr>
<tr><td>中尉</td><td></td><td></td><td></td><td></td></tr>
<tr><td>少府</td><td>阳城延</td><td>秦吏</td><td>吕太后元年（前 187 年）</td><td></td></tr>
<tr><td>治粟内史</td><td></td><td></td><td></td><td></td></tr>
</table>

注：是否封侯以任九卿时为准。“×”意为任官时未封侯，空白为情况不明。

从本节的讨论与表4–4可以看出，吕太后时期新任用的9位九卿大多在任官时不是列侯，因此并非军功卓著者。此外，从刘邦时期任用的叔孙通、夏侯婴、阳城延等人留任九卿来看，在吕太后时期，仍然不存在基于军功的官僚任用原则，能力与被吕太后信任才是关键因素。特别是到了少帝时期，与吕氏一族关系密切者被任用的情况不断增加。反过来说，吕太后时期依然延续着从刘邦时期开始的抑制武将策略。

因此，从西汉初期开始，长安城内就有很多"以侯家居"的功臣。他们不满被排除在中央政治权力体系之外，并互相联系，成为西汉初期政治不稳定的主要因素。就此意义而言，"诸吕之乱"可以说是功臣们在刘邦时期与吕太后时期的20多年间，对皇帝积累的不满之情的爆发。此外，吕太后去世之前将权力集中到吕氏一族手中，不仅招致武将不满，也招致了文臣的不满，于是众人决定清除吕氏一族。关于这一点，将在第五章详细讨论。

小 结

本章通过讨论吕太后时期朝廷任用三公九卿的情况，得出以下结论。

第一，与刘邦时期一样，吕太后时期不存在所谓的基于军功的官僚任用标准。人事任命的基本原则是能力。马上可以得天下，但马上无法治天下，刘邦时期确立的这一统治理念在吕太后时期得以延续。这是因为该统治理念导致的政治状况，即集团成员反抗布衣出身的皇帝，并没有因刘邦之死而消失，反而更加强烈。因此，为了抑制功臣集团的力量，必须起用有助于国家行政运作的人才。

第二，这一时期官僚任用的一大特点，是随着吕太后自身权力基础被削弱，任用标准逐渐倾向于与她的信任关系。以刘邦之死为契机，皇帝与功臣集团的力量对比发生了很大变化。而且由于惠帝去世得过早，吕太后的权力基础被进一步削弱。因此吕太后不得不在政权中枢任命自己的亲信，并在临终前放手一搏，将国家的权力移交给吕氏一族，但这反而招致功臣集团的不满，最终导致吕氏一族被诛的悲剧。

第三，由于司马迁在《史记》中将刘邦集团视为一个整体，因此今天的西汉史研究依旧将刘邦集团作为铁板一块的利益集团加以讨论。[①]但是，从上一章与本章的分析中可以看出，刘邦集团与其他政治集团一样，由各种势力构成，可以根据文臣与武将的身份、出生地、性格、价值观的不同，以及与刘邦关系的远近，细分为各种利益集团。面对共同的敌人时，他们会作为一个集体行动。不过也应当考虑到，在西汉建立后，集团内部的各种势力会为了自身利益而各自为政。事实上，从刘邦时期到吕太后时期，各式各样的人以各种形式协助或对抗刘氏政权。吕太后在任命三公时，利用集团内部的对立与不和，令他们互相牵制，加以统治。由此可见，关于西汉早期的历史研究，还需要深入刘邦集团内部做更详细的考证。

第四，西汉初期的权力结构并不像李开元先生主张的那样，处

---

① 守屋美都雄：《漢の高祖集団の性格について》，《歴史学研究》1952 年第 158 号、第 159 号。西嶋定生：《中国古代国家と東アジア世界》，东京大学出版会，1983 年。

于“三权并立”的状态，皇权明显处于优势地位。的确也有相国曹参在惠帝面前摆谱、右丞相王陵公开反对吕太后的事例，但除此之外的萧何、陈平与审食其等人则完全没有如此言行，反而顺从皇帝与吕太后。最重要的是，以相国、丞相为首的三公九卿与其他重要官职的任命权，以及封侯、封王的权力都掌握在皇帝手中。吕太后死后，齐王为称帝而举兵时，也没有对年幼的少帝不敬。此外，即使是少帝后台的吕禄，一听说是少帝的意思，也就轻易放弃了军权。由此看来，皇帝与功臣和诸侯王的关系始终是统治与服从的关系，而非“并立”的关系。因此，即便西汉初期的皇帝不像此后武帝时期那样拥有绝对皇权，即便他们承受着来自强大功臣势力与诸侯王的各种形式的压力，即便他们不得不在施政中顾及各方情绪，但此时的皇权绝非被局限在“宫廷内”，皇帝对功臣势力与地方诸侯王具有压倒性的优势。

伍

第五章

“诸吕之乱”中的大臣与齐王兄弟

第三章与第四章探讨了刘邦时期到吕太后时期的官僚任用政策。刘邦时期，为了抑制在西汉建国过程中做出巨大贡献的武将势力，任用了许多有助于国家管理运营的文官。吕太后时期基本继承了刘邦时期的官僚任用政策，但随着吕太后自身权力基础被削弱，官僚的任用标准逐渐转移到与吕太后本人的信任关系上。吕太后甚至还在临死前放手做了一次政治赌博，将中央权力强行移交给吕氏一族，此举更是招来功臣集团的不满，最终导致吕氏一族被诛的悲剧后果。这就是中国历史上著名的“诸吕之乱”。本章通过聚焦“诸吕之乱”中朝廷大臣与齐哀王（以下简称齐王）兄弟的关系，来探讨发起这场动乱的权力集团及其行动，并以此揭示事件的真相和吕太后时期的权力结构。

“诸吕之乱”的种种疑点

“诸吕之乱”指吕太后去世后吕氏一族计划发动的“乱”，但大臣与诸侯王在吕氏一族作“乱”之前就察觉此事，于是吕氏一族全部被杀。史书如此记载“诸吕之乱”，并作为定论而被人们接纳。不过，由于“诸吕之乱”的目的模糊，围绕该事件的记载也存在较多混乱与矛盾之处，因此也有学者认为“诸吕之乱”是人为捏造的说法。其中，吴仰湘的研究就正面提出了这一问题，并认为“诸吕之乱"并不存在。①概括而言，吴仰湘的论点如下：（1）功臣为侯者有150人，均手握军事、政治权力，而吕氏一族中只有十几个王侯，不可能消灭刘氏；（2）吕产任相国、吕禄任上将军一事，不同纪传的记载不同，且《史记》卷二十二《汉兴以来将相名臣年表》中并未记载他们担任相国、上将军，因此，吕产与吕禄实际未担任相国与上将军，也没有实权；（3）西汉初期长安南北军的军事力量并不强，吕产和吕禄也没有实际控制这两支军队；（4）关于"诸吕之乱"的史料记载存在诸多矛盾。

吴仰湘的研究质疑了关于"诸吕之乱"的传统说法，应当给予肯定。不过也必须指出的是，吴仰湘的论证缺乏严密性。首先，论据（1）与（3）显然是在没有严密研究史料的情况下得出的结论。此外，以封侯者数量的多少来考虑政治权力的大小是对复杂政治问题过于简单化的处理。其次，关于论据（2），纪传中有关吕产、吕禄的任职记载的确不同，但对二人担任相国与上将军这点记载一致。如后所述，由于"诸吕之乱"后登基的文帝否定吕太后执政的正当性，因此吕产、吕禄的任官经历没有写在功臣表上是理所当然之事。综上所述，尽管吴仰湘指出了加在吕氏一族头上的罪名未必属实，但其论据本身难以成立，认为"诸吕之乱"实际上并不存在的论点也因此缺乏说服力。

除了吴仰湘，吕思勉、宫崎市定等学者也曾在各自的研究中提及"诸吕之乱"是大臣们发动的政变。②不过这些研究都停留在提

---

① 吴仰湘：《汉初"诛吕安刘"之真相辨》，《湖南师范大学社会科学学报》1998年第1期。

② 吕思勉：《秦汉史》，上海古籍出版社，1983年。此外，宫崎市定在《中国史（上）》（岩波书店，1977年）中也指出"诸吕之乱"是大臣们发动的政变。

出问题的层面，并未展开具体论证，故而也不能说从根本上推翻了以往的定论。因此，本章计划重新探明“诸吕之乱”是否发生这一问题。[①]

史料的混乱记载

正如吴仰湘指出的那样，史书中关于“诸吕之乱”的记载十分混乱。有记载说吕氏一族想作“乱”，也有记载说大臣们想诛杀吕氏。接下来，笔者首先列出《史记》中关于“诸吕之乱”的主要史料[②]：

1.［吕］禄、产等惧诛，谋作乱。大臣征之。（卷四十九《外戚世家》）

2. 太后崩，吕禄等以赵王自置为将军，军长安，为乱。（卷九十五《灌婴列传》）

3. 吕禄以赵王为汉上将军，吕产以吕王为汉相国，秉汉权，欲危刘氏。……于是勃与平谋，卒诛诸吕而立孝文皇帝。（卷五十七《绛侯周勃世家》）

4. 诸吕吕产等欲为乱，以危刘氏，大臣共诛之。（卷十《孝文本纪》）

5. 及太后崩，琅邪王泽……乃引兵与齐王合谋西，欲诛诸吕。（卷五十一《荆燕世家》）

---

① “诸吕之乱”的具体过程见本书第 46~47 页引用的史料 3。

② “诸吕之乱”的相关史料在《史记》与《汉书》中的记载基本相同。存在差异的部分，引用时会通盘讨论后再使用。如无特别注明，相关史料均引自《史记》。

6. 及吕太后崩，平与太尉勃合谋，卒诛诸吕。（卷五十六《陈丞相世家》）

7. 高后崩。大臣诛诸吕……（卷九十五《樊哙列传》）

8. 及高后崩，大臣欲诛诸吕。（卷九十五《郦商列传》）

9. 吕太后崩，大臣诛诸吕。（卷九十七《陆贾列传》）

10. 吕后崩，大臣相与共畔诸吕。（卷一百一《袁盎列传》）

上述史料1至史料4记载吕氏一族因计划作乱而被杀，但史料5至史料10记载了大臣和齐王想要杀死吕氏一族。由于上述记载的混乱，自然会产生如下疑问。首先，究竟是哪一方想要作"乱"？作"乱"是政治上非常危险之事，因而必须有明确目的。其次，如果是吕氏家族作"乱"，那他们的目的到底是什么？史料记载他们是"聚兵以威大臣""欲危刘氏"，此外还有"列侯群臣莫自坚其命"的记载。从这些史料来看，吕氏想要夺取刘氏天下，将妨碍他们的强臣、诸侯王视为敌对势力欲加以诛杀。不过，吕氏一族是否真的有如此野心？

吕氏一族的"野心"与敌对势力

吕太后去世后，齐悼惠王刘肥的儿子齐王刘襄以清除不正当封王的吕氏一族为旗号举兵。身在长安的大臣们派与吕氏关系很好的郦寄（郦商的儿子）劝说吕氏一族放弃军权。郦寄告诉吕禄放弃军权有百利而无一害，吕禄闻言动摇，便打算归还将印。此外，作为吕氏亲信的郎中令贾寿听说齐王与灌婴联合，便派遣使者责备吕产"王不蚤之国，今虽欲行，尚可得邪"（《史记》卷九《吕太后本纪》）。从这一记载中也可以看出，吕产对是否该回到封国相当犹豫。这说明吕氏一族仅希望自保，并没有取代刘氏的野心。因为吕氏一族如果有如此野心，就不会考虑返还将印或回到封国。吕氏一族既然没有野心，又为何要发动叛乱？一个可能性是吕氏一族原本的确没有野心，但正如《汉书》卷三《高后纪》所载：

自知背高皇帝约，恐为大臣诸侯王所诛，因谋作乱。

似乎不能否认这种可能性的存在。但如果是这样，在长安拥有最高权力的吕禄、吕产应视刘氏或大臣们为敌，除之而后快。接下来，笔者就来探讨一下这种可能性。

首先，就刘氏来看，齐王明确宣布要杀吕氏一族并举兵。当时，齐王的弟弟朱虚侯刘章和东牟侯刘兴居两人身居警备都城长安之职。[①]当时，吕产与吕禄是长安守备军南北军的最高统帅，因此刘章兄弟当归吕氏管辖。因此，如果吕氏一族想对抗举兵的齐王，可以考虑杀死刘章兄弟或者将二人作为人质。而实际上，吕氏一族对刘章兄弟并未采取任何措施。如果吕氏一族都没有计划除掉想杀自己的齐王兄弟，自然应当也没有诛杀其他刘氏成员的打算。

其次来看大臣的情况。吕氏一族派灌婴去镇压齐王。灌婴是刘邦时期的宿将，参加了西汉建立前后几乎所有的战斗。史料中常将灌婴与周勃并列，又称“绛、灌之属”。吕氏一族如果将大臣视为敌

---

①《史记》卷五十二《齐悼惠王世家》载：“哀王三年（前186年），其弟章入宿卫于汉，吕太后封为朱虚侯，以吕禄女妻之。后四年（前182年），封章弟兴居为东牟侯，皆宿卫长安中。”

人并打算诛杀他们，如此人物定会在清除对象之中。但事实上，吕氏一族重用灌婴，令他统率军队。

另外，贾寿的使者向吕产报告灌婴驻停荥阳的消息时，御史大夫曹窋也在场。如第四章所述，曹窋是曹参之子，而曹参是刘邦最初举兵时的核心人物。曹窋当时担任三公之一的御史大夫，显然属于大臣一方。尽管如此，吕产仍在曹窋面前与贾寿的使者商讨对策。能在曹窋面前讨论这类关键事务的决策，说明吕产并没有把他视为敌人。换言之，虽然功臣灌婴已经背叛自己，但吕产并没有将其他功臣与大臣视为敌人。

由此可见，吕氏一族并未将刘氏或大臣视作敌人，也不想加害他们。不仅如此，《史记》卷九《吕太后本纪》还记载：

> 今太后崩，帝少，而足下佩赵王印，不急之国守藩，乃为上将，将兵留此，为大臣诸侯所疑。

从这段郦寄所言来看，我们甚至可以认为吕氏一族受到了大臣们的威胁。吕氏一族如果真的想诛杀大臣们，从郦寄那里听到大臣们怀疑自己之事，就会认为自己的意图已被察觉，应该先下手为强，杀死大臣们。实际情况却是吕氏一族害怕被大臣们怀疑，于是吕禄听从郦寄的劝说，想消除大臣们的疑心。而大臣们恐怕也正是预见到了吕禄的这种反应，所以才派郦寄来欺骗吕禄。

从以上考察可以看出，吕氏一族并没有把刘氏诸侯王和大臣视为敌人，也没有清除他们的意图，甚至没有戒心。这样看来，就算吕氏一族有作"乱"的打算，也没有明确敌人是谁。

“诸吕之乱”的参与者与消息来源

《史记》卷九《吕太后本纪》中记载“吕禄、吕产欲发乱关中”。不过，这两人究竟有没有此意图呢？

指挥北军的吕禄在郦寄劝说他放弃军权时，心动认可。不言而喻，放弃军权是关系吕氏一族安危的大事。尽管如此，他并没有找吕产或“诸吕老人”商议，只是派人向吕氏一族报告此事。收到消息的吕氏族人中，有人说“便（可）”，也有人说“不便（不可）”。在意见不统一的情况下，吕禄相信了郦寄的话，交出了上将军印，将北军的指挥权交给了周勃。更令人难以置信的是，吕产早上就收到灌婴驻军不前的消息，但到了下午3点到5点之间才终于进入未央宫。[①] 在此期间，吕产与吕禄完全没有联系。从这一点可以看出，掌握军队、具备作“乱”能力的吕禄与吕产，完全没有作“乱”的迹象。换言之，完全看不出吕氏一族中的哪位想作乱。

纵观“诸吕之乱”的过程，吕氏一族既没有发动叛乱的明确目的，也没有具体行动，连指挥叛乱的主导人都没有。吕氏一族甚至没人注意到所处的政治形势越来越严峻。从此点来看，吕氏一族很有可能从没有策划过阴谋，落入阴谋的可能性较大。

还有一个值得注意的事实是，吕氏企图谋反的消息来自憎恶他

---

①《史记》卷九《吕太后本纪》载：“八月庚申旦，平阳侯窋行御史大夫事，见相国产计事。郎中令贾寿使从齐来，因数产曰：‘王不蚤之国，今虽欲行，尚可得邪？’具以灌婴与齐楚合从，欲诛诸吕告产，乃趣产急入宫。……［刘章］入未央宫门，遂见产廷中。日餔时，遂击产。”在此则史料中，吕产在“旦”时见到郎中令贾寿的使者，得知灌婴与齐王联手，却直到下午才进入未央宫。“旦”意为早晨，“日餔”则为下午3点到5点。从“旦”至“日餔”，至少过去了8个小时。

们的齐王之弟刘章。《史记》卷九《吕太后本纪》载：

> 朱虚侯刘章有气力，东牟侯兴居其弟也，皆齐哀王弟，居长安。当是时，诸吕用事擅权，欲为乱，畏高帝故大臣绛、灌等，未敢发。朱虚侯妇，吕禄女，阴知其谋。恐见诛，乃阴令人告其兄齐王，欲令发兵西，诛诸吕而立。朱虚侯欲从中与大臣为应。

显然，吕氏欲谋反的消息出自刘章。

得知吕氏阴谋的刘章称怕被杀才让兄长齐王举兵，而实际上，一旦齐王举兵，他应该会更危险。刘章如果真的认为自己有危险，为何不与身边的大臣共同应对，而是向远方的齐王求助，自己只是"欲从中与大臣为应"？如后所述，在"诸吕之乱"的过程中，完全未见刘章和大臣事先联系的蛛丝马迹。最重要的是，刘章的目的是让哥哥齐王登上帝位，因此，他散布的信息极为可疑。

以上，笔者从"诸吕之乱"的目的、参与者及消息来源等方面讨论了"诸吕之乱"的可信度。结论是：吕氏作"乱"的目的与作"乱"参与者，史料不载。此外，吕氏作"乱"的消息来源也令人怀疑。可以说，"诸吕之乱"的说法很可能是人为捏造的。

既往研究中所见作"乱"的理由

如果"诸吕之乱"不是由吕氏一族而起，那么这场动乱只能是由大臣、齐王兄弟发动的。如此考虑的理由何在？时至今日，主张"诸吕之乱"并非事实的学者，对此问题的看法也不尽相同。

薄井俊二认为，由于吕氏一族采取保守的政治策略，故而引发了大臣们的政变。[①]吴仰湘则认为，大臣与诸侯王都憎恨吕太后，因此联手诛杀吕氏一族。[②]

上述既往研究在分析中各自抓住了问题的一面，但都没有对吕太后末期权力分配的特殊性展开分析。接下来，笔者先回顾一下吕太后临终前的人事安排。

少帝刘弘时期的朝廷情势

吕氏专权

截至目前，学界都将吕太后去世后的少帝时期的权力分配，视为刘邦和吕太后时期权力分配的延续加以研究。笼统而言，情况的确如此，但也不宜忽视当时核心权力的变化。也就是说，吕太后去世后，行使皇帝权力的不再是刘邦与吕太后，而是年幼的少帝刘弘；辅佐少帝的则是没有充分独立权力基础的吕产与吕禄等吕氏族人。

---

① 薄井俊二：《恵帝の即位——漢初政治における外戚の役割》，《埼玉大学紀要（教育学部·人文·社会科学）》1992年第41卷第1号、第2号。薄井俊二对“诸吕之乱”的分析如下：惠帝一系的统治保守，“遵守高祖政治”，无法应对政治形势的变化，因此反对势力得以杀死诸吕及少帝。不过，薄井俊二的论点中有一个矛盾点。即薄井俊二一方面阐述惠帝一系统治的保守性，另一方面指出，“如果偏离高祖规定的政治路线，会遭到以老臣为中心的势力的强烈反对”。也就是说，惠帝一系的统治之所以保守，老臣们有着无法回避的责任。既然如此，老臣们又为何决定抹杀惠帝一系？薄井俊二的观点无法解释这一矛盾，因此有必要从其他角度展开探讨。

② 吴仰湘：《汉初“诛吕安刘”之真相辨》，《湖南师范大学社会科学学报》1998年第1期。

这一点是少帝时期与吕太后去世前统治状况的根本差别。

关于吕氏一族的权力，有一些既往研究，但有些问题尚未得到充分阐明。例如吕氏一族是否真的握有实权？如果有实权，是何种权力？第四章已提及，吕太后去世，将大权交给吕氏一族，吕禄为上将军，吕产为相国，各自统率北军与南军。此外，考虑到吕禄和吕产派灌婴镇压齐王，以及"诸吕之乱"时周勃最先夺取北军等事，则史料记载的吕禄和吕产的官职及他们的权力范围当毋庸置疑。换言之，在吕太后的人事安排下，陈平和周勃都被剥夺了实权，只是政治摆设。周勃没有符节就不能进入军门一事也是佐证。就此点来看,《史记》中常见的"吕氏专权"应当是对事态的准确描述。不过，吕氏专权之所以成为可能，是因为吕禄和吕产的职务权限就是如此，而其职务权限的基础是汉家制度。

"诸吕之乱"爆发的原因

正如第二章所述，吕太后能够根据自己的权力基础来控制政局。然而，吕太后的侄子吕禄和吕产却完全没有这种独特的权力基础。故而在大臣们看来，吕禄和吕产与刘邦和吕太后是完全不同的。一些大臣是和刘邦一起打天下的功臣，这些人哪怕面对刘邦和吕太后，也能不改意志。吕太后去世前，实权被吕氏一族夺走，这对大臣们而言是非常屈辱之事。关于吕氏专权与"诸吕之乱"的关系,《史记》卷九《吕太后本纪》载：

> 太尉绛侯勃不得入军中主兵。……绛侯勃乃与丞相陈平谋……绐说吕禄曰：……

此外，《史记》卷五十七《绛侯周勃世家》也记载：

吕禄以赵王为汉上将军，吕产以吕王为汉相国，秉汉权，欲危刘氏。勃为太尉，不得入军门。陈平为丞相，不得任事。于是勃与平谋，卒诛诸吕而立孝文皇帝。

上述史料中，“太尉绛侯勃不得入军中主兵”“勃为太尉，不得入军门。陈平为丞相，不得任事”均以与“诸吕之乱”关联的文脉书写，司马迁应该是在暗示“诸吕之乱”的原因在于周勃想要夺回权力。[①]

齐王兄弟与大臣的目的及少帝刘弘的身份

前文讨论了事件中吕氏一方所处的政治情势。为了探明事件的真相与当时的权力结构，接下来有必要探讨事件的另一方——齐王兄弟与大臣的目的。同时，本节中也将探明少帝刘弘的身份，这个问题对“诸吕之乱”及之后的事态发展影响巨大。

齐王兄弟的目标

齐王刘襄的父亲齐悼惠王刘肥是刘邦的庶子，但年龄最长，是

---

① 值得注意的是，《汉书》中将该部分全部删除。《汉书》关于“诸吕之乱”的记载几乎与《史记》相同，但只有这篇概略文本被删除，原因可能在于这部分文本清晰地记载了事件的前因后果。《史记》在这两篇文本中阐明了周勃等人发动政变的理由，如果去掉这些内容，政变的真正目的就被隐藏了。如此来看，至东汉时期，对“诸吕之乱”的歪曲更进了一步。

长子。西汉建立后的汉六年（前 201 年）十二月，刘邦封刘肥为齐王。《史记》卷八《高祖本纪》载："[汉六年] 子肥为齐王，王七十余城，民能齐言者皆属齐。"齐自古以来被称为"东西秦"，经济富庶，地理条件得天独厚，面积辽阔。刘肥虽不是嫡子，但显然受到了刘邦的厚待。

而在吕太后看来，比惠帝年长，且获封富饶辽阔土地的齐悼惠王刘肥自然是对惠帝帝位的潜在威胁。为了保护惠帝、少帝等惠帝一系，吕太后在世期间将齐国一分为四。①不难想象，这件事必定引起了齐王兄弟的不满。②吕太后死后，齐王举兵，首先骗取了曾是齐国一部分的琅邪国的军队，并率此军队进攻原为齐国济南郡的吕国。由此可以看出，封地被分割的齐王对吕太后怀有强烈的憎恨。但齐王举兵最重要的原因不是复仇，而是夺取帝位。相关记载见于《史记》卷五十二《齐悼惠王世家》：

---

① 关于接二连三地削减齐国的领地，《史记》卷九《吕太后本纪》载："[惠帝] 二年（前 193 年），楚元王、齐悼惠王皆来朝。十月，孝惠与齐王燕饮太后前，孝惠以为齐王兄，置上坐，如家人之礼。太后怒，乃令酌两卮鸩，置前，令齐王起为寿。齐王起，孝惠亦起，取卮欲俱为寿。太后乃恐，自起泛孝惠卮。齐王怪之，因不敢饮，详醉去。问，知其鸩，齐王恐，自以为不得脱长安，忧。"《史记》卷五十二《齐悼惠王世家》载："乃用其内史勋计，献城阳郡，以为鲁元公主汤沐邑。"齐悼惠王刘肥为了保命，让本国之一郡献给吕太后的女儿。吕太后元年（前 187 年），"高后立其兄子郦侯吕台为吕王，割齐之济南郡为吕王奉邑"；吕太后七年（前 181 年），"高后割齐琅邪郡立营陵侯刘泽为琅邪王"（《史记》卷五十二《齐悼惠王世家》）。

② 吕太后生前，刘章就表露出了对吕太后的敌意。例如有故事说，刘章在吕太后举行的宴会上唱了一首旨在杀死吕氏一族的歌，吕氏某个族人因应该喝酒而没喝就被刘章杀死（《史记》卷五十二《齐悼惠王世家》）。

朱虚侯章……乃使人阴出告其兄齐王，欲令发兵西，朱虚侯、东牟侯为内应，以诛诸吕，因立齐王为帝。

《史记》卷九《吕太后本纪》中也有明确记载：

[朱虚侯]乃阴令人告其兄齐王，欲令发兵西，诛诸吕而立。

除此之外，类似的记载在《史记》中随处可见。如《史记》卷五十二《齐悼惠王世家》：

琅邪王刘泽既见欺，不得反国，乃说齐王曰：“齐悼惠王高皇帝长子，推本言之，而大王高皇帝适长孙也，当立。今诸大臣狐疑未有所定，而泽于刘氏最为长年，大臣固待泽决计。今大王留臣无为也，不如使我入关计事。”齐王以为然，乃益具车送琅邪王。

被齐王扣押的琅邪王刘泽为了逃离齐国，指出齐王有资格继承帝位，建议齐王让自己去长安说服大臣们同意拥立齐王。齐王闻言，“乃益具车送琅邪王”。由此也可以看出齐王的目的是继承帝位。另外，正如后文将要讨论的那样，文帝刘恒即位后，认为刘章兄弟功绩很大，想要表彰他们，但后来听说刘章兄弟想要其兄齐王继承帝位，于是论功行赏时故意压低了两人的功绩。此事也证明齐王兄弟本来的目的是继承帝位，与刘章让其兄以“诛诸吕而立”为目的起兵的记载一致。在“诸吕之乱”中，齐王以外的诸侯王皆动向不明，而齐王兄弟异常活跃，其理由就在于此。

朝中大臣的立场

除了齐王兄弟，在事件中发挥核心作用的自然是身在朝堂的大臣。正如前文所见，吕太后试图通过剥夺大臣的实权、压制强大的诸侯王，维护少帝的安泰，但吕太后一死，少帝刘弘与吕氏一族的境况瞬间恶化。尤其是吕氏一族独揽大权，因此成为大臣与齐王兄弟的攻击目标。这样看来，所谓"诸吕之乱"似乎是由大臣与齐王兄弟合谋发起的。不过，仅凭这一点就定义"诸吕之乱"也有问题，最大的问题在于"诸吕之乱"的结果是连皇帝都换了。一般认为，刘邦通过多年战斗，搭建了西汉的基本结构，后经过吕太后 15 年的统治，在吕太后去世前，天下归属刘氏的观念已深入人心。此外，在为刘氏一族封王政策的影响下，形成了"地犬牙相制"的态势，大臣们即便扶立新帝，也很难自立为帝。因此，笔者不认为更换皇帝一定对大臣们有好处。废黜当前的皇帝，就必须从刘氏诸侯王中选出新的皇帝，而一旦某个诸侯王成为皇帝，很可能会通过起用亲信，将大臣们排除在外。[①]因此，如果大臣们的目的在于夺回权力，那对他们而言，最有利的选择就是通过和平手段让吕氏一族就任封国，他们通过辅佐少帝刘弘来控制政局。那么，大臣们为何还是与强大的齐王同谋，诛杀吕氏一族，甚至更换了皇帝？对善于政治谋划的大臣们而言，这绝非明智之举。

---

① 对皇帝的继任人选，大臣们最关心的正是这一点。齐哀王刘襄与淮南王刘长均以"母家恶"为由被搁置。"母家恶"是指外戚弄权，如果刘襄、刘长称帝，外戚很有可能和吕氏一族一样，夺大臣之权。因此，被评为"仁孝宽厚""太后家薄氏谨良"的代王刘恒被选中。即便如此，代王刘恒入京后也立即任命从代国带来的亲信担任郎中令、卫将军、车骑将军等重要职位。

少帝刘弘的身份

少帝刘弘被杀是"诸吕之乱"的一个重大结果。根据普遍的说法，大臣们之所以废黜少帝刘弘，是因为他不是真正的惠帝之子。增渊龙夫在其名著《中国古代的社会与国家》中高度评价诸大臣"讨吕氏还政于刘氏"。[①] 增渊龙夫认同有关少帝刘弘身份的传统说法，并以此立论。但是少帝刘弘是否真的不是刘氏血脉？关于这个问题，也有反驳传统见解的看法。范文澜在《文心雕龙注》中称少帝刘弘及其兄弟都是惠帝血脉，并指出少帝刘弘与吕氏一族遇害是冤案。[②] 另外，梁玉绳在《史记志疑》中探讨了《史记·吕太后本纪》与相关年表关于少帝刘弘及其兄弟身份记载的前后不同（事件前为"后宫子"，事件后为"非惠帝子"），认为少帝刘弘等人就是惠帝的孩子。梁玉绳进而得出结论，认为《史记》中的记载差异是司马迁在无法查明真相的情况下，通过留下不同说法来暗示真相的。泷川资言也赞同此二人的观点。[③] 本章将在这些研究的基础上，对少帝刘弘的身份更加具体地加以考证。

首先，是《史记》中将少帝刘弘明确写为"后宫子"的记载，卷九《吕太后本纪》云：

> 太后欲王吕氏，先立孝惠后宫子彊为淮阳王，子不疑为常

---

① 增渊龙夫：《中国古代の社会と国家》第二篇第二章"漢代における国家秩序の構造と官僚"，岩波书店，1996 年，第 284~285 页。

② 刘勰著，范文澜注：《文心雕龙注》卷四《史传第十六》。该史料记载："子弘实孝惠子，群臣立文帝，故强称'少帝及梁、淮阳、常山王皆非真孝惠子也。吕后以计诈名他人子，杀其母养后宫，令孝惠子之，立以为后'。"

③ 泷川资言：《史记会注考证》，北岳文艺出版社，1999 年。

山王，子山为襄城侯，子朝为轵侯，子武为壶关侯。……[吕太后七年（前181年）二月]立皇子平昌侯太为吕王。

除了少帝刘恭，还有6个正式封王的惠帝之子。其中襄城侯山就是此后的少帝刘弘，史料明确记载他也是惠帝的“后宫子”。“诸吕之乱”前，在已有多个惠帝之子被封王的情况下，似乎没有必要特意将非惠帝子嗣的少年立为皇帝。如果反过来，说这六人皆非惠帝之子，则更是不可想象。

其次，关于少帝刘弘的身份，也得到了与之竞争的诸侯王的认可。齐王以帝位为目标举兵时曾给诸侯王寄出书信，其中明确写到少帝刘弘为“皇帝”。《史记》卷五十二《齐悼惠王世家》载：

于是齐哀王遗诸侯王书曰：“……今高后崩，皇帝春秋富，未能治天下，固恃大臣诸将[侯]。今诸吕又擅自尊官，聚兵严威，劫列侯忠臣，矫制以令天下，宗庙所以危。今寡人率兵入诛不当为王者。”

如果少帝刘弘不是惠帝之子，那欲夺帝位的齐王从一开始便以“诛不当为帝者”为口号举兵更有利于达到目的，也不会在吕氏一族被杀后就马上退兵，应该等到不是惠帝之子的少帝刘弘被杀之后再退兵。此外，从吕氏一族被杀到文帝即位的48天里，其他诸侯王都没有动作也能看出，少帝刘弘的帝位具有正当性，其身份是被诸侯王们认可的。

最后，吕氏一族被杀后，少帝刘弘兄弟的身份也得到了认可。

吕氏一族被杀后，大臣们在朝廷与地方做了一系列人事调动。吕氏一族被杀的同一天，刘邦的外孙鲁王张偃（吕太后之女鲁元公主的儿子）被废。一周后的戊辰，少帝刘弘的弟弟济川王刘太保留王位，但被转封梁王。张偃因非刘氏而被废，济川王则继续封王，并迁往更大的梁国。由此可以说，至少在“乱”发生后的7天内，大臣们是承认少帝刘弘及其兄弟们的身份的。换言之，直到此时，没有人怀疑过少帝刘弘及其兄弟不是真正的惠帝之子。

从以上的讨论来看，“诸吕之乱”结束后，大臣们突然认定少帝刘弘并非惠帝之子颇有问题。这很可能只是将废黜少帝刘弘的行为正当化的借口。因此，少帝刘弘应当是惠帝之子。

那么，大臣们为何要废黜惠帝之子呢？笔者想带着这个疑问，对废黜少帝刘弘与吕氏一族被杀的过程展开探讨，以此阐明大臣与诸侯王在“诸吕之乱”中的关系。

“诸吕之乱”中的大臣与齐王兄弟

废黜少帝刘弘

最能明确少帝刘弘的废黜与“诸吕之乱”关系密切的史料，见于《史记》卷九《吕太后本纪》：

> 诸大臣相与阴谋曰：“少帝及梁、淮阳、常山王，皆非真孝惠子也。吕后以计诈名他人子，杀其母，养后宫，令孝惠子之，立以为后，及诸王，以强吕氏。今皆已夷灭诸吕，而置所立，即长用事，吾属无类矣。……”

这场辩论显然是大臣们私下讨论应该如何应对吕氏一族被杀的事实。从中至少可以窥见三个事实。首先，由于大臣们称济川王为梁王，所以这场辩论发生在济川王转封梁王之后。如前所述，济川王转封梁王是在“乱”后一周，故而质疑少帝的身份，做出废黜少帝的决定则在更之后。其次，吕氏一族被杀是必须另立新帝的直接理由，由此可以看出大臣们在吕氏一族被杀后，花了一周多的时间深思熟虑，做出了废黜少帝的决定。反言之，这暗示着如果吕氏一族未被诛杀，就不一定要更换皇帝。最后，大臣们废黜少帝的真正目的是自保。所谓“即长用事，吾属无类矣”，表明由于大臣们将皇帝的亲属赶尽杀绝，待皇帝长大后，大臣们的性命也将岌岌可危，这才是必须更换皇帝的真正原因。

对大臣而言，扶立新帝是非常危险的政治手段，除非自己的安全受到威胁，迫不得已，否则不会轻易更换皇帝。那么，成为更换皇帝契机的吕氏一族被杀之事为何会发生？为了阐明这一点，首先需要探讨案件当事人，即作为胜利者的大臣与齐王兄弟参与此事的目的，双方又是何种关系，各自发挥了什么作用。

大臣与齐王兄弟

如“‘诸吕之乱’的种种疑点”一节所述，齐王举兵时，齐王兄弟被认为是“欲从中与大臣为应”。这里应该注意的是“欲”这个字，意为“想要”。实际上，关于齐王兄弟如何与大臣协商并支援齐王之事，史料中没有任何记载。相反，从以下史料可以确认，周勃、陈平等主要大臣在事件发生前从未与齐王兄弟有过商谈。《史记》卷五十二《齐悼惠王世家》载：

> 灌婴在荥阳，闻魏勃本教齐王反，既诛吕氏，罢齐兵，使使召责问魏勃。勃曰：“失火之家，岂暇先言大人而后救火乎！”因退立，股战而栗，恐不能言者，终无他语。灌将军熟视笑曰：“人谓魏勃勇，妄庸人耳，何能为乎！”乃罢魏勃。

文中“魏勃本教齐王反”的“反”显然是“叛乱”的意思。尽管齐王举着“诛不当为王者”的旗号，摆出遵守高祖之约的态度，但由于这是未经朝廷许可的行动，所以灌婴将齐王的举兵定义为“叛乱”。如果齐王与大臣从一开始就是合谋，或者中途双方经过协商后联手，那么齐王的行动应当是共同作战，而不是叛乱。但灌婴在齐军撤退后，对最初建议齐王举兵的魏勃非常愤怒，特意将其叫来诘问。魏勃对灌婴问话的回应是“失火之家，岂暇先言大人而后救火乎”，可见齐王举兵前并没有与大臣们联系。另外，从灌婴与魏勃的互动中可以看出，双方既没有事先协商，也没有在事件发生后联手，只是在清除吕氏一族这一点上达成一致。齐王举兵后，大臣们确实从吕禄手中骗取了军权，但这绝非为了支援齐王。事件发生后大臣们不肯立齐王为帝，也是他们没有与齐王联手的证据。

不仅如此，长安城内大臣与齐王兄弟的举动也证实了这一点。事发当天，是吕氏一方率先有所动作。周勃听到消息后，迅速应对，接管了北军，但刘章与弟弟东牟侯刘兴居还不知道周勃此举。直到周勃准备接管南军时，听到消息的陈平才首次派刘章去协助周勃。而东牟侯刘兴居直到最后都没有参与行动。由此可见，身在长安的大臣与齐王兄弟并没有事先商量。这一事实具有极其重要的意义。如果代表齐王兄弟的刘章与大臣们没有事先商量，就意味着双方就怎样除掉吕氏一族也没有达成共识。因此，双方很可能只是以各自的判断来行动，且对方全不知情。

吕氏一族之死与刘章

关于吕氏一族的死，笔者关注到《史记》卷九《吕太后本纪》中的如下史料：

> 太尉尚恐不胜诸吕，未敢讼言诛之，乃遣朱虚侯谓曰："急入宫卫帝。"朱虚侯请卒，太尉予卒千余人。入未央宫门，遂见产廷中。日餔时，遂击产。产走。……逐产，杀之郎中府吏厕中。朱虚侯已杀产，帝命谒者持节劳朱虚侯。朱虚侯欲夺节信，谒者不肯，朱虚侯则从与载，因节信驰走，斩长乐卫尉吕更始。

从这则史料可以看出，吕产与吕更始都是被刘章手刃。既往研究认为，此举并非刘章一人的专断，也是周勃等人的意志。事实果真如此吗？史料中确实写着太尉"未敢讼言诛之"，但是否"敢"，只有周勃本人才知道，别人并不清楚，而"讼言诛之"则毫无疑问。此外，周勃在让刘章入宫时，明确说"急入宫卫帝"。尽管如此，刘章一入宫就杀了吕产，还强行乘坐谒见者的车冲进长乐宫，杀了吕更始。从此事可以看出两点：其一，周勃等大臣并不一定要杀害吕氏一族；其二，刘章在没有周勃命令的情况下擅自杀死吕产，还主动杀死了其他吕氏家族成员。为了说明刘章的这种行为，我们可以回想一下齐王兄弟的目的。如前所述，齐王兄弟意在让齐王登基。

正是出于这个目的，刘章才在没有周勃命令的情况下擅自杀死了吕产和吕更始。齐王兄弟为了达到目的，必须废黜少帝，因此必须先除掉辅佐少帝的吕氏一族。

下面笔者来考察一下周勃的行为。从结果来看，周勃接受了吕产被杀的事实，但这并不意味着周勃从一开始就想诛杀吕氏一族。欺骗吕氏一族才是大臣们夺回权力比较稳妥的手段，而非抓住或杀死他们。在吕产被刘章杀死之前，并没有迹象表明大臣们想要将吕氏一族赶尽杀绝。特别是周勃在掌控北军以后，甚至没有下令逮捕徘徊在未央宫、身边只有几名亲信的吕产。由此看来，大臣们未必从一开始就打算以杀害吕氏一族的方式夺取权力。[①]事实上，包括吕禄在内的吕氏一族被杀是在次日，可知周勃等人很可能是在吕产和吕更始被杀后，才认为必须要诛杀吕氏一族。

从以上考察可以看出，以周勃为首的大臣们虽然企图清除吕氏势力，但并未考虑将吕氏一族全部诛杀。从前文（第 179 页）大臣们的议论中也可以看出，如果诛杀吕氏一族，就必须废黜少帝刘弘，而大臣们应当十分清楚，另立新帝对他们而言是非常危险的。与之相对，刘章为了让齐王登上帝位，则必须除掉吕氏一族。刘章奉陈平之命帮助周勃，但不一定按照周勃的命令行动，他应该是为了达到自己的目的而擅自行动的。其结果就是吕产与吕更始被杀，吕氏一族也全部被杀。

① 当然，不可否认，大臣们以稳妥的方式拿回权力后，或许会给吕氏一族扣上某种罪名，将其除掉。但至少在收回权力的过程中，大臣们应当没有考虑诛杀吕氏一族。

"诸吕之乱"中大臣间及大臣与地方诸侯王的关系

通过上述讨论可知，"诸吕之乱"时，大臣与齐王兄弟并未合谋。笔者接下来将探讨大臣之间及大臣与其他诸侯王的关系。

曹窋的失势

"诸吕之乱"后，平阳侯曹窋的境遇很不寻常。《史记》卷九《吕太后本纪》载：

> 八月庚申旦，平阳侯窋行御史大夫事，见相国产计事。郎中令贾寿使从齐来，因数产曰："王不蚤之国，今虽欲行，尚可得邪？"具以灌婴与齐楚合从，欲诛诸吕告产，乃趣产急入宫。平阳侯颇闻其语，乃驰告丞相、太尉。太尉欲入北军，不得入。襄平侯通尚符节，乃令持节矫内太尉北军。……然尚有南军。平阳侯闻之，以吕产谋告丞相平，丞相平乃召朱虚侯佐太尉。太尉令朱虚侯监军门。令平阳侯告卫尉："毋入相国产殿门。"吕产不知吕禄已去北军，乃入未央宫，欲为乱，殿门弗得入，裴回往来。平阳侯恐弗胜，驰语太尉。太尉尚恐不胜诸吕，未敢讼言诛之，乃遣朱虚侯谓曰："急入宫卫帝。"

由此可知，"诸吕之乱"时，平阳侯曹窋为御史大夫。为了清除吕氏势力，曹窋在陈平与周勃之间积极奔走，尤其是他将吕产与贾寿使者的对话传达给周勃等人的举动，成为清除吕氏一族的契机。按理说，曹窋的行为应该受到高度评价，成为解决"诸吕之乱"的功臣。但在文帝封赏时，却没有曹窋的名字。不仅如此，事实上，曹窋还被免去了御史大夫，这是迄今为止被忽视的一个重要事实。《史记》卷五十四《曹相国世家》载：

> 平阳侯窋，高后时为御史大夫。孝文帝立，免为侯。

吕太后八年（前 180 年）后九月群臣在代邸请求文帝即位时，已变为“御史大夫张苍”，此外，《史记》卷二十二《汉兴以来将相名臣年表》与《汉书》卷十九《百官公卿表》也记载吕太后八年的御史大夫是张苍。结合这些史料，可知曹窋被免去御史大夫并非在文帝即位后，而是发生在吕氏一族被杀到文帝即位之间的 48 天中。如果这一设想正确，解除曹窋职务的，应当是当时掌握实权的周勃等人。那么，为清除吕氏一族做出巨大贡献的曹窋因何被解职？可以推测的唯一可能，是在文帝即位之前，大臣们之间围绕下一任皇帝是谁，发生了派系斗争。曹参曾担任齐国相国 8 年，曹窋也跟着父亲在齐国生活了 8 年，可以想见，他与后来的齐王刘襄兄弟关系应当很近。因此，曹窋很有可能因支持立齐王为帝而与周勃等人发生冲突，最后失势。周勃曾用两年时间在代地平定陈豨叛乱，与代王及其母家薄氏一族有一定关系，他应当是想立代王刘恒为帝。

如上所述，大臣们虽然在清除吕氏一族上意见一致，但在立谁为帝的问题上出现了巨大分歧。

“诸吕之乱”时的诸侯王

吕氏一族被诛杀后，大臣们秘密迎接代王刘恒即位称帝。《史记》卷十《孝文本纪》载：

> 丞相陈平、太尉周勃等使人迎代王。代王问左右郎中令张武等。张武等议曰："汉大臣皆故高帝时大将，习兵，多谋诈，此其属意非止此也，特畏高帝、吕太后威耳。今已诛诸吕，新喋血京师，此以迎大王为名，实不可信。愿大王称疾毋往，以观其变。"

从这一记载可以看出，代王刘恒及其臣下极不信任朝廷大臣。这一点与吕太后对大臣们的感情有相通之处。此外，代王刘恒在登基之前曾让群臣讨论、占卜，并先派母家的舅父薄昭前往长安确认大臣们的真实意图，极其慎重。由此可见，"诸吕之乱"前，代王刘恒与朝廷大臣没有任何联系。此外，齐王举兵前曾通报各诸侯王，但并未号召他们举兵。同时，也没有诸侯王呼应齐王的行动。由此可以认为，诸侯王之间没有联合行事。

通过以上讨论可知，以齐王举兵为契机，大臣们长年积攒的不满突然爆发，这才是"诸吕之乱"的真相。不过，在除掉吕氏一族及废黜皇帝等事情上，大臣之间、大臣与诸侯王之间，以及诸侯王之间没有任何共谋。

齐王一系执着帝位的理由

西汉前期，地方刘氏诸侯王中的齐王一系异常活跃。除了齐王刘襄兄弟参与"诸吕之乱"，在文帝时期，齐王刘襄的弟弟刘兴居也起兵谋反。至景帝时期，发生了著名的"吴楚七国之乱"，参与其中的济南王刘辟光、淄川王刘贤、胶西王刘卬、胶东王刘雄渠都是齐王刘襄的弟弟。为何齐王一系几十年来会反复叛乱？

吕太后时期也发生过下列事件，《史记》卷九《吕太后本纪》载：

[惠帝二年（前193年）]楚元王、齐悼惠王皆来朝。十月，孝惠与齐王燕饮太后前，孝惠以为齐王兄，置上坐，如家人之礼。太后怒，乃令酌两卮鸩，置前，令齐王起为寿。齐王起，孝惠亦起，取卮欲俱为寿。太后乃恐，自起泛孝惠卮。齐王怪之，因不敢饮，详醉去。问，知其鸩，齐王恐，自以为不得脱长安，忧。

惠帝只是让作为兄长的齐悼惠王刘肥按照家人之礼坐在上座，吕太后就勃然大怒，想要毒死刘肥。为何吕太后对刘肥坐上座如此敏感？一个可能的假设是，刘肥原本就是刘邦的嫡长子。如果此事为真，则刘肥当为继承刘邦帝位的强有力人选。吕太后对此最为在意，尽管惠帝是按照家人之礼让座，但刘肥坐上座对吕太后而言绝不可原谅。此外，如果这个假设成立，则刘肥的儿子齐王刘襄就是刘邦的嫡长孙，在“诸吕之乱”除掉惠帝一系后，刘襄将成为继承帝位最有力的人选。换言之，齐王以帝位为目标举兵，诛杀了吕氏一族，但由于功臣们选代王继任称帝，故而未能达到目的。不难想象，齐王一系对该结果并不满意，这应该就是后来齐王一系反复叛乱的理由。

那么，齐悼惠王刘肥究竟是不是刘邦的嫡长子？《史记》卷五十二《齐悼惠王世家》载：

齐悼惠王刘肥者，高祖长庶男也。其母外妇也，曰曹氏。

这则史料云齐悼惠王刘肥的母亲是“外妇”，这一记载是否准确？想要解答此问题，线索之一是刘邦与吕太后结婚时的年龄。不过，刘邦的年龄及刘邦与吕太后结婚时的年龄，史书中未有明确记载，因此只能根据有限的间接史料来推测。

刘邦与吕太后有女儿鲁元公主与儿子惠帝。《汉书》卷二《惠帝纪》载“帝年五岁，高祖初为汉王”。可见汉元年（前206年）惠帝5岁。汉五年（前202年），惠帝的姐姐鲁元公主与张敖结婚（《史记》卷八十九《张耳列传》)。《汉书》卷二《惠帝纪》还记载“女子年十五以上至三十不嫁，五算”，也就是对15岁至30岁没有结婚的女性多征赋税。普通人的赋税是一算（120钱)，商人与奴婢是二算，[①]因此15岁至30岁未婚女性五算的税金是相当重的。这虽是惠帝时期的法律，不过此前女性应当也是15岁左右结婚。如果这一推测正确，则汉五年时鲁元公主的年龄最多在15岁上下，惠帝则为9岁上下。也就是说，惠帝与姐姐的年龄差距最大在6岁上下，汉十二年（前195年）刘邦去世时，惠帝17岁，其姐鲁元公主当在23岁左右。

以上年龄计算透露了什么信息呢？关于刘邦去世的年龄，有53岁与62岁两种说法，即便采用53岁去世的说法，也可以推测他与吕太后的第一个孩子，即大女儿鲁元公主出生时，他已经30岁左右。换句话说，刘邦与吕太后结婚时也至少快30岁了。在那个时代，如果不是相当贫穷的家庭，男性一般最晚在20岁之前结婚，[②]年近

①《汉书》卷二《惠帝纪》应劭注载：“……汉律人出一算，算百二十钱，唯贾人与奴婢倍算。今使五算，罪谪之也。”

② 历史学家杨树达在《汉代婚丧礼俗考》（上海古籍出版社，2007年）中认为，战国后期开始，各国为了增加人口，将结婚年龄提前，因此在汉代，男子15~16岁结婚，女子13~14岁结婚很正常。

30 岁的刘邦恐怕不是未婚的身份。因此，刘邦与吕太后结婚之前，极有可能已经娶了刘肥的母亲曹氏。

在《史记》中，刘肥的母亲曹氏被记为“外妇”，显示出她与刘邦没有婚姻关系。不过，该记载的可信度很低。假设刘邦在未婚状态下与曹氏生了儿子，并且也认孩子是自己的儿子。那么，他与曹氏没有夫妻关系就很不自然。此外，如果说这个时候刘邦有正妻，而曹氏是“外妇”，那么他的正妻究竟是谁？史书对刘邦的正妻完全没有记载，故而难以分析。不过从上述讨论来看，刘邦当时与曹氏处于婚姻状态的推测应该是妥当的。曹氏很可能是刘邦贫穷时的妻子，其家族影响力不大。因此，刘邦在与颇有影响力的吕太公之女吕太后结婚后，[①] 就不再提及与曹氏的婚姻了。

《史记》《汉书》等文献中几乎没有关于曹氏的记载，对刘肥的记载也出现在他被封齐王后。因此，曹氏是刘邦正妻这一假设很难得到严密验证。不过，从以下史料中可以间接证实这一假设。“诸吕之乱”时，齐王刘襄欺骗琅邪王刘泽，并将之软禁。想要逃走的刘泽如此说服齐王：

> “齐悼惠王高皇帝长子，推本言之，而大王高皇帝适长孙也，当立。今诸大臣狐疑未有所定，而泽于刘氏最为长年，大臣固待泽决计。今大王留臣无为也，不如使我入关计事。”齐

① 吕太后的父亲吕太公是一位影响力极大的任侠式人物。他虽然犯下重罪，却逃到沛县县令处，还受到盛情款待，从这一点亦可以看出其地位。详细情况可参见楠山修作：《呂公についての一考察》，《東洋文化学科年報》1995 年第 10 号；佐竹靖彦：《劉邦》，中央公论新社，2005 年。

王以为然，乃益具车送琅邪王。(《史记》卷五十二《齐悼惠王世家》)

刘泽所言，对齐王刘襄最有说服力的莫过于"齐悼惠王高皇帝长子，推本言之，而大王高皇帝适长孙[①]也，当立"这段话。如果像史书所言，曹氏是"外妇"，并非正妻，则刘肥及其子嗣作为"外妇"的子孙就不会对帝位有如此强烈的期望，也不会轻易相信刘泽"适长孙"的说法。而被刘泽称为"适长孙也，当立"的齐王刘襄也"以为然"，相信刘泽所云，释放了他。由此可见，齐王刘襄也认为自己是嫡长孙，刘泽不仅知道这一点，也很好地利用了这一点。

从以上情况来看，刘邦把他与曹氏之子，本来是嫡长子的刘肥封为齐王，让其统治地理、经济条件得天独厚的齐国，就可以理解了。同样，如果从曹氏本是刘邦正妻的这一事实来理解，吕太后对刘肥怀有强烈戒心，其子刘襄等人后来也被文帝与景帝严加防范并加以遏制，也就说得通了。

那么，史书中曹氏必须被记载为"外妇"的理由是什么？"诸吕之乱"后，西汉皇帝都是文帝子孙，如果承认曹氏是刘邦正妻，即承认齐王一系是刘邦的嫡长子、嫡长孙，则文帝一系的正当性会被否定。因此，史书中曹氏的相关情况及刘肥被封齐王之前的事情，被完全抹杀了。

① 即嫡长孙，可参《汉书》卷三十八《高五王传》颜师古注曰："适读曰嫡。"——编注

“诸吕之乱”的真实经过及其正当化

本节将以上一节所讨论的大臣们与齐王兄弟在“乱”中的动向为基础，聚焦大臣与齐王的关系，探讨“诸吕之乱”的真实经过及其正当化的理由。

“诸吕之乱”的真实经过

基于前文的考察，“诸吕之乱”的经过大致如下。

吕太后去世，留下了年幼的少帝刘弘，由吕氏一族辅佐。一方面，身在长安的齐王之弟刘章与刘兴居认为，这是让自己兄长登上帝位的绝好机会，于是让齐王以吕氏一族要发动叛乱为由举兵。也就是说，齐王兄弟从一开始就打算清除吕氏一族，乃至于废黜少帝刘弘。另一方面，当时吕禄作为上将军统率北军，吕产作为相国统率南军，故大臣们几乎没有实权。大臣们虽经常伺机从吕氏一族手中夺回权力，但并没有具体计划，在如何对待少帝刘弘的问题上也不一致。此时发生的齐王举兵与灌婴出征，是大臣们重获权力的大好时机。掌握军队的灌婴在抵达荥阳后，派人与周勃商讨，其结果是身在长安的大臣们以清除吕氏一族为条件，令齐王撤兵。

长安的大臣们让与吕禄关系密切的郦寄说服吕禄主动让出权力。然而，在等待结果时，郎中令贾寿的使者来到吕产处，告诉他灌婴已驻军荥阳的消息，并催促吕产迅速进入未央宫。碰巧在场的御史大夫曹窋与齐王一系是旧交，于是急忙向周勃报告此事，试图阻止吕产入宫。周勃从吕禄手中骗取北军将军印，接管了北军，并通过御史大夫曹窋命令未央宫卫尉不得让吕产进入殿门。不过，未央宫卫尉是吕太后任命的，不敢保证他不与吕氏一族勾连。因此，周勃派憎恨吕氏一族的刘章前往，以确保阻止吕产入殿，而刘章在没有周勃命令的情况下擅自杀死了吕产与吕更始。在以帝位为目标的刘章兄弟看来，这样做理所当然。因为他们的最终目标是让兄长登上帝位，故必须废黜少帝刘弘，而在此之前的首要任务是诛杀辅佐少帝的吕氏一族。从大臣们的角度来看，刘章的行动则导致了从未预想过的重大事件，不仅吕氏一族及其亲信被杀，甚至连少帝刘弘都必须处死。[①]这是因为，在大臣们看来，如果没有少帝刘弘的同意就擅自杀害其祖母一族，少帝成年后定会清算此事。

如上所见，大臣们与齐王兄弟在互相牵制的同时，也互相利用对方的行动，试图使事件向着有利于自己的方向发展。结果，吕氏一族被诛杀，最终连少帝刘弘及其兄弟也都必须被处死。事件的发展对大臣们与齐王兄弟双方而言，有着不同的意义，结果也出乎双方的预料。齐王没能当成皇帝，作为最大功臣的周勃也没能长久掌权，不得不就任封国。

通过探明"诸吕之乱"中大臣们与齐王兄弟的关系，可以看出汉初权力结构的以下几点事实。对吕氏一族而言，其作为外戚的权力基础是与少帝刘弘的亲戚关系。只要少帝刘弘是皇帝，就可以确保吕氏一族的地位与权力。因此吕氏一族的最大目标是保证少帝刘弘的地位，取代刘氏称帝并不是吕氏一族的目标。然而作为外戚，

---

① 藤田胜久在《〈史記〉呂后本紀にみえる司馬遷の歴史思想》(《東方学》1993年第86辑）中基本认可司马迁最终将吕氏一族灭亡的理由归为"天"的见解。笔者则认为，司马迁因不能明说吕氏家族灭亡的缘由，所以将之模糊不清地归因于"天"。

为了保护年幼的皇帝，必须执掌大权。为此，吕氏一族成了诸侯王与大臣们的攻击对象，原因在于吕氏一族掌握着齐王追求的帝位与大臣们追求的权力。对大臣们而言，他们打算清除吕氏势力，同时遏制诸侯王。之所以这样说，是因为大臣们的目标是夺回实权，并不一定希望诛杀吕氏一族和皇帝。因为无论哪位诸侯王登上帝位，都会重用自己的亲信，大臣们还是有可能被排除在外。对齐王而言，只有废黜少帝，自己才有可能成为皇帝，而在废黜少帝之前，要先清除吕氏一族，这正是刘章诛杀吕氏一族的原因。结果，大臣们不得不废杀少帝。由此来看，大臣们与齐王兄弟在清除吕氏势力这点上一致，但是否要诛杀吕氏一族及是否要废立皇帝，双方存在冲突。

“诸吕之乱”正当化的理由

如上所述，所谓“诸吕之乱”并非吕氏一族引发的“乱”，而是朝堂大臣与齐王兄弟发动的政变，因此不如叫作“诛吕之乱”。但是，即使是在2000多年后的今天，诸吕作“乱”的说法依然属于定论。那么，事件真相为何一直被掩盖？此外，诛杀吕氏一族与杀死少帝刘弘之事又怎样实现了正当化？

首先，来看齐王兄弟。事件发生后，他们不仅没能达到目的，文帝也知晓了他们举兵是为了称帝，于是大臣们许诺给刘章兄弟的分封赵、梁二国一事被取消，取而代之的是分割齐国两郡，分别作为刘章与刘兴居的封国。原来的齐国被一分为三。对此，齐王兄弟自然心怀不满。然而作为引发事件的罪魁祸首，他们无法主张“诸吕之乱”是虚构的。如果“诸吕之乱”是假的，齐王兄弟就会失去举兵的正当性，甚至危及政治地位。

其次，就大臣们而言，强臣周勃、陈平和灌婴参与了清除吕氏一族与废立皇帝的行动，因此必须使自己在"诸吕之乱"中的行动正当化。其中，立场最为艰难的是周勃。正如后文（第196~198页）考察的那样，周勃作为事件的中心人物受到文帝的防范，甚至被下狱。但即便如此，周勃也无法说出事件的真相。他如果表明当初没有诛杀吕氏一族、更换皇帝的意图，那也就是承认没有迎立文帝的意图，自然会引起文帝的不满。因此，周勃不得不从一开始就声明诛杀吕氏一族与废立皇帝的正当性。可以认为，其他大臣也或多或少与周勃同一立场。

最后，最重要的原因在于文帝。文帝以代王身份进入长安时，少帝刘弘仍在位。诛杀吕氏一族自不必说，如果不将另立皇帝的行为正当化，文帝即位的合法性也就不复存在。因此，文帝也在寻求正当性。这一点可以从文帝颁下的一封诏书中看出。《史记》卷十《孝文本纪》载，文帝在即位当晚下诏云：

> 间者诸吕用事擅权，谋为大逆，欲以危刘氏宗庙，赖将相列侯宗室大臣诛之，皆伏其辜。

此时对吕氏一族罪行的描述还很模糊，而在4天后下达的诏书中，则出现了不符合事实的歪曲：

> 吕产自置为相国，吕禄为上将军，擅矫遣灌将军婴将兵击齐，欲代刘氏……太尉身率襄平侯通持节承诏入北军。

尽管是吕太后死前任命吕产为相国、吕禄为上将军，文帝却断定是吕产和吕禄自封官职。此后，这一自我任命说成为定论，《史记》卷二十二《汉兴以来将相名臣年表》与《汉书》卷十九《百官公卿表》均未记载吕产就任相国。另外，皇帝年幼，尽管掌管国务的吕禄与吕产是站在应对齐王叛乱的立场上行动的，但文帝还是认定二人“欲代刘氏”。并且，从吕禄处骗取北军军权时，是襄平侯纪通擅自拿出皇帝的符节，假称是皇帝的命令让周勃进入北军，但文帝故意将该行动解释为“持节承诏”。就这样，文帝伪造了吕氏一族的罪行并公之于众，同时尽可能美化了大臣的行动。这样，平定“诸吕之乱”一事依托大臣与齐王兄弟的证词，最终被文帝正当化，成为定论。这里应当强调的是，文帝之后的皇帝都是文帝一脉，为了维护自己帝位的合法性，也不可能揭示“诸吕之乱”的真相。不过，在对该事件加以正当化之外，作为新皇帝的文帝内心时常对该事件及自己在该事件中所处的复杂立场抱有强烈恐惧。《史记》卷二十五《律书》载：

> 会吕氏之乱，功臣宗室共不羞耻，误居正位，常战战栗栗，恐事之不终。

这则史料往往被解释为文帝谦虚，为自己能力不足、不能管理好国家而忧心忡忡。但从另一个角度来看，也可以解释为这正是文帝害怕自己成为第二个少帝的真实想法。文帝是残酷的“诸吕之乱”的最大受益者。同时，在继承帝位的过程中，他也深切感受到了大臣与诸侯王的可怕。因此，文帝一定时常心怀恐惧，对能否保住帝位深感不安。

“诸吕之乱”后文帝的应对策略

文帝即位时，大臣与诸侯王的势力异常强大，故普遍认为，文帝的处境非常艰难。不过，导致文帝与这两方势力对立的直接原因及对立的紧张程度，至今尚未受到学界关注。笔者认为，对立最直接的原因自然是“诸吕之乱”这一事件。如前文所述，因文帝缺乏称帝的合法性，故吕太后时期被压制的诸侯王再度活跃起来。此外，文帝对具有废立皇帝力量的大臣集团怀有强烈戒心，故而在即位后，为了保住帝位采取了各式各样的策略。接下来，笔者就从大臣与诸侯王的境遇来探讨文帝的策略。

周勃的失势与陈平的选择

毋庸置疑，周勃是拥立文帝的最大功臣。文帝表面上褒奖周勃，内心却对他十分警惕。文帝即位约一个月后，周勃因害怕被文帝所杀，辞去右丞相职位，返还丞相印。[①]一年后，陈平去世，周勃再次被任命为丞相，但不到 10 个月就被免职，就任封国。[②]关于此后周

① 关于周勃归还相位的过程，《史记》卷五十七《绛侯周勃世家》载：“文帝既立，以勃为右丞相，赐金五千斤，食邑万户。居月余，人或说勃曰：‘君既诛诸吕，立代王，威震天下，而君受厚奖，处尊位，以宠，久之即祸及身矣。’勃惧，亦自危，乃谢请归相印。”

② 周勃一度交还相印并辞官，文帝为何再次任命他为丞相，又不到 10 个月就再次将他免职？这恐怕是因为周勃辞官后仍同其他诸侯一样居住在长安，因此对文帝而言还是一个巨大威胁。然而，文帝不能无缘无故地强迫周勃回封国，所以暂时让他出任丞相，此后以丞相当为诸侯归国（回到自己封国）榜样的名义，半强制地让周勃及其他诸侯归国。

勃的情况，《史记》卷五十七《绛侯周勃世家》载：

> 岁余，每河东守尉行县至绛，绛侯勃自畏恐诛，常被甲，令家人持兵以见之。

每次河东守尉来绛县，周勃都怕被杀。而实际上，最后他还是因谋反罪入狱，被折磨了一番后，在薄太后的请求下才被释放。文帝为何如此对待已经远离朝廷的周勃？在迄今为止的研究中，有关周勃的这一事实不太被关注，对文帝与周勃关系的讨论也主要聚焦于令周勃就任封国的史实，从年轻皇帝与实力老臣相互对抗的视角展开讨论。这种看法不无道理，不过，文帝即位不到一个月，周勃就不得不归还丞相印，似乎双方存在着某种重大对立。在笔者看来，这一切都与“诸吕之乱”有关。尽管少帝在世，但以周勃为首的大臣与诸侯王仍将其祖母一族诛杀，最终另立皇帝。诛杀外戚一事姑且不论，拥有废立皇帝实力的周勃，对来自地方的文帝而言必然是极大的威胁。文帝不知道同样的灾难是否也会降临到自己身上。因此，文帝表面上优待大臣，但一有机会就想把他们排除出朝廷。[①]周勃可能也察觉到文帝并不认可自己在“诸吕之乱”中的行为，因此经常担心被文帝清算。由此可见，双方源自“诸吕之乱”的不信任导致了周勃的悲惨境遇。

---

① 其实，文帝在褒奖周勃等老臣的同时，也对他们加以遏制。一方面，“诸吕之乱”后，大将军灌婴回到长安，被任命为太尉。另一方面，文帝又让亲信宋昌作为卫将军统率长安军队，以母家的舅父薄昭为车骑将军，统率郡国车骑，从而将军队实权掌握在自己手中。

与周勃相反，政治嗅觉敏锐的陈平虽然在“诸吕之乱”中多有动作，但完全没有在公开场合露面。此外，文帝即位后，陈平将右丞相之位让给周勃，其理由是：

> 高祖时，勃功不如臣平。及诛诸吕，臣功亦不如勃。愿以右丞相让勃。(《史记》卷五十六《陈丞相世家》)

这则故事作为美谈流传了2000余年，而实际上，这正是陈平擅长权谋之处。只要是刘邦的子孙，对臣下在刘邦时期立下的巨大功绩均会认可，但“诸吕之乱”中连刘氏皇帝都杀的“功绩”，则令文帝感到害怕。因此，陈平一方面强调自己在刘邦时期的功绩，另一方面强调周勃在“诸吕之乱”中的“功绩”，这正是为了打消文帝对自己的戒心。

齐王刘襄与淮南王刘长

因“诸吕之乱”，文帝获得了从未敢想过的皇帝之位，这也大大影响了文帝时期的诸侯王政策。文帝即位后，随即对四类功臣加以褒奖：第一，拥立文帝有功者；第二，文帝从代地带来的旧臣；第三，刘邦时期的元勋功臣；第四，淮南王刘长与齐王刘襄的母家舅父。在这四类功臣中，对前三类的褒奖可以理解，但对最后一类，即淮南王与齐王的母家舅父的褒奖则存在探讨的余地。[①] 之所以这

---

① “诸吕之乱”爆发的原因，通常被认为是吕太后违背了“非刘氏不得封王，非军功不得封侯”这一所谓的“白马之盟”。但如果这是真正的原因，了解这一点的文帝就不会将没有军功的诸侯王叔父封侯。换言之，“白马之盟”不过是借口而已。

么说，是因为对他们的褒奖当与平定“诸吕之乱”有很强关联。如前所述，少帝被功臣与地方诸侯王废黜，文帝则需要拉拢这些势力，以免自己重蹈少帝覆辙。而诸侯王的母家舅父则是对诸侯王影响最大的人。①淮南王刘长是刘邦的小儿子，齐王刘襄是刘邦的长孙。从帝位继承权的排名而言，这两个人是最接近帝位的。文帝为了保住帝位，必须安抚这两个王国。不过，为诸侯王的母家舅父封侯，只能获得暂时的稳定，竞争对手并不会自动消失。但文帝很幸运，这些诸侯王在此后相继去世。

文帝即位当年，齐王刘襄去世，死因史书不载。两年后，齐王的弟弟济北王刘兴居趁文帝远征匈奴时叛乱，却反被杀死。再过一年，城阳王刘章也去世了，死因还是不见记载。②活跃在“诸吕之乱”中的齐王三兄弟在短时间内相继去世恐怕并非偶然，或许与文帝存在某种关联。

关于齐王兄弟的死因，由于没有明确证据，故只能推测。不过，淮南王刘长的死，显然有不少探讨的余地。据史书记载，淮南王刘长在文帝六年（前 174 年）谋反，但因文帝赦免逃过一死，被迁往

---

① 当时，刘氏诸侯王居住在各自的封国，因此母家的舅父是为他们出谋划策之人，很容易对诸侯王施加影响。

②《史记》卷五十二《齐悼惠王世家》关于文帝即位后齐国的记录如下：“孝文帝元年，尽以高后时所割齐之城阳、琅邪、济南郡复与齐，而徙琅邪王王燕，益封朱虚侯、东牟侯各二千户。是岁，齐哀王卒，太子侧［则］立，是为文王。齐文王元年，汉以齐之城阳郡立朱虚侯为城阳王，以齐济北郡立东牟侯为济北王。二年，济北王反，汉诛杀之，地入于汉。”可见，文帝通过将齐王兄弟封王分割了齐国。此外，关于刘章之死，《史记》卷十《孝文本纪》仅有如下记载：“［文帝三年（前 177 年）］四月，城阳王章薨。”

蜀国，病死在途中。不过，淮南王刘长的死存在很多疑问。《史记》卷一百一十八《淮南衡山列传》对淮南王刘长的谋反记载如下：

> [文帝]六年，令男子但等七十人与棘蒲侯柴武太子奇谋，以辇车四十乘反谷口，令人使闽越、匈奴。事觉，治之，使使召淮南王。淮南王至长安。

只凭借 70 人和 40 辆辇车就造反，实在令人难以想象。淮南王如果真的造反，又岂会遵从皇帝的诏书前往长安？那么，为何淮南王刘长必须被安上谋反的罪名？这恐怕是因为淮南王刘长是文帝以外唯一在世的高祖之子，也是与文帝争夺帝位的最大威胁。因此，文帝或许是为了避免重蹈少帝覆辙，才强行加罪于淮南王刘长。①

既往研究一般将刘氏诸侯王视为刘氏集团。例如薄井俊二认为，文帝将淮南王刘长与齐王刘襄的母家舅父封侯是封自己的近亲为列侯。②但从本章的分析可以看出，由诸侯王等组成的刘氏集团，对刘邦之后的刘氏皇帝而言，反而成了最危险的群体。

---

① 关于淮南王之死，《史记》卷一百一十八《淮南衡山列传》记载了当时流行的一首歌谣："一尺布，尚可缝。……兄弟二人不能相容。"这恐怕是在传唱淮南王之死的真相。对于这首歌谣，文帝说道："天下岂以我为贪淮南王地邪？"文帝的确可能并不想要淮南王的土地，但不难想象，在世的淮南王对文帝而言是一种威胁。

② 薄井俊二：《漢の文帝について——皇帝としての権威確立問題，及び対匈奴問題をめぐって》，《埼玉大学紀要（教育学部・人文・社会科学）》1995 年第 44 卷第 1 号。

小 结

本章以“诸吕之乱”中大臣与齐王兄弟的关系为中心，通过探究具体史实，阐明吕氏一族实际上并未作“乱”。所谓“诸吕之乱”的真实发起者是以周勃为首的大臣及齐王兄弟。不过，这两股势力事先并未合谋。事发当日，大臣与齐王兄弟都是临时行动，双方为了达到自己的目的而互相利用。其结果是随着事态不断升级，最终吕氏一族全部被杀，乃至于惠帝一系的少帝及其兄弟也不得不全部被杀死。

“诸吕之乱”的过程及结局，对此后文帝时期的政策产生了巨大影响。因此，在考察文帝时期的政策、事件时，必须把“诸吕之乱”的影响作为一个重要因素加以考虑。[①] 此外，时至今日，人们普遍认为“诸吕之乱”是与刘邦之间存在任侠精神联系的功臣们支撑着处于危险中的刘氏统治，从吕氏一族手中夺回天下。然而从本章的分析可以看出，功臣们与其说是为了刘氏，倒不如说是为了自己的权力与利益最终引发了“诸吕之乱”，还杀害了刘邦之孙少帝及其兄弟。由此来看，似乎也有必要重新探讨任侠理论在西汉早期历史研究中的有效性。

有人说历史由胜利者书写，而西汉早期的历史正是胜利者随意篡改的典型。无论如何也抹杀不了的事实，通过史书记述的混乱与矛盾表现出来。这些混乱与矛盾，正是揭开历史真相的重要线索。

---

① 例如布目潮沨在《呉楚七国の乱の背景》（收入《東洋史論叢：和田博士還暦記念》，讲谈社，1951 年）一文中就注意到齐王系子孙多数参与了这场叛乱。

终

终章

“诸吕之乱”的真相与西汉初期的权力结构

本书通过探讨吕太后的权力基础、统治方式和吕太后时期的权力分配，以及吕氏一族、功臣、刘氏诸侯王围绕“诸吕之乱”的动向，试图阐明吕太后时期朝廷的权力结构。在这一过程中，揭示与以往传统说法不同的诸种史实，尤其是与吕氏一族有关的史实。吕太后及其家族从西汉建立前一直到“诸吕之乱”，几乎始终处于权力中枢，以各种形式与当时的重要人物、事件相勾连。因此，通过探明这一时期的诸种史实，能够深入了解西汉初期的诸多事件。

吕太后的权力基础与统治方式

一般认为，吕太后能够活跃于西汉早期的政治舞台之上，是凭借其皇后或皇太后的身份。不过，从本书第一章的分析可以看出，吕太后在刘邦举兵到西汉建立这段时间内几乎没有功绩。并且，由于不受刘邦宠爱，她能被立为皇后很大程度上要归功于长兄周吕侯吕泽的军事实力。而皇后的地位使得吕太后有资格展开随后的政治活动。西汉建立以后，刘邦经常离开长安，一走便是很长时间，吕太后便以皇后的身份直接参与国政。在这一过程中，她的能力得到了大臣的认可，双方建立起了牢固的信任关系。身为皇后或皇太后的身份自不必说，吕太后自己出色的决断力与行动力、以两位兄长为首的亲族的影响力，以及与大臣的信赖关系，成为她的权力基础。

正因为有了这样的权力基础，吕太后不仅可以保全其子刘盈的太子地位，更可以在刘邦去世后的15年间继续掌权。

在15年动荡的政治形势下，吕太后的权力基础逐渐衰弱，她则每每采取各种措施来增强自己的权力基础。最重要的是，吕太后始终通过以任命上（大）将军等方式致力于掌握军权。西汉的上（大）将军不是常设职位，主要出现在皇帝去世后或新皇帝刚刚即位的混乱时期，由皇帝的亲信担任，掌控包括都城长安南北军在内的所有军事力量。因此，上（大）将军一职对当时的政权状态有重要影响。

吕太后时期的统治如何展开，是既往研究没能阐明的问题。一般认为，吕太后有着强烈的权力欲，行使了凌驾于皇帝之上的巨大权力。作为其结果，吕太后居住的长乐宫向来被认为是政治中心。但从本书第二章的分析中可以看出，当时最重要的军队是北军，而北军是负责守卫少帝居住的未央宫的军队。由此可见，当时的政治中心不是吕太后居住的长乐宫，而是少帝居住的未央宫。因此，吕太后时期的统治是以皇帝为中心，以大将军为支柱展开的。

西汉初期官僚任用原则与权力分配

为了运营国家，必须要任命数量众多的官员，而官员的人选则极受政权运作方式与权力分配的影响。既往研究认为，西汉初期的官僚任命严格以功劳为原则论功行赏，确定位次与职务。本书第三章的分析则表明，在刘邦时期并不存在基于军功的官僚任用原则。刘邦与伙伴们同为布衣出身，一起战斗，但这种关系在西汉建立后一朝改变，成为天子和臣下的主从关系。于刘邦而言，要统治国家，这种转变不可或缺，但武将们却并不一定能坦然接受这种转变，这种状况对刘邦来说无疑是一种威胁。因此，刘邦采取了压制元勋宿将、重用文臣的策略。西汉初期的三公九卿中，军功高的列侯少，反之，秦吏出身者众多，可见当时的三公九卿任用是基于与职位相称的专业知识与能力。此种能力本位的官僚任用政策，是该时期统治政策的一个重要支柱。

刘邦采取如此策略是基于他知人善任的一贯姿态。战争时期，他任用了很多善于战斗的武将与参谋，但到了和平时期，他必须任用熟悉统治国家所需的法律与制度的人才。这正体现了刘邦应对时代变化的灵活性——马上得之，却不能马上治之。

吕太后时期，基本延续了能力本位的官僚任用政策与抑制武将的政策。这一点从第四章关于三公九卿的分析中可以基本确认。不过，吕太后时期与刘邦时期相比，也有不同情况，存在这一时期特有的官僚任用方法。这是因为刘邦去世后，17 岁的惠帝即位，政治形势发生了变化。朝廷上，君弱臣强；地方上，以刘邦去世为契机，作为先皇支持势力的刘氏诸侯王变成了现任皇帝的潜在竞争对手。因此，该时期政治运作的困难程度是刘邦时期所不能及的。更不幸的是，尤其对吕太后而言更不幸的是，作为其强大后盾的仲兄建成侯吕释之与任大将军的妹夫樊哙相继去世。惠帝七年（前 188 年），作为吕太后权力基础依托的惠帝也在 23 岁的年纪去世。随着权力基础被削弱，吕太后时期的权力分配发生了很大变化。

具体而言，作为继承刘邦时期抑制武将政策的一环，吕太后最初将公认战功第一的功臣曹参任命为相国，表现出与武将妥协的姿态。然而，随着吕太后的权力基础衰弱，她便废除相国，分割相权，以“怏怏”派王陵为右丞相，同时任命她信任的陈平为左丞相。又为了保持与武将之间的平衡，以周勃为太尉。但是，惠帝驾崩，吕太后的权力基础进一步被削弱，所以她从王陵手中收回相权，改用其心腹审食其，并起用了她信赖的任敖为御史大夫。最后，吕太后在临终前，为了保护孙子少帝与吕氏一族，将军队与行政的最高权力全部给了自己的侄子吕禄与吕产，在政治上做了最后一搏。大权集中于吕氏一族，不仅引发了武将的反抗，也引发了文臣的强烈反抗，结果爆发了“诸吕之乱”。就此意义而言，“诸吕之乱”可以说是大臣们在刘邦时期至吕太后时期的20多年间，所积累的对皇帝、对吕氏一族的不满情绪的瞬间爆发。

“诸吕之乱”的真相

既往关于“诸吕之乱”的研究，除个别例外，多数学者基本接受了史书中的看法。即吕氏一族在吕太后死后，为了夺刘氏的天下而作“乱”，但大臣与刘氏诸侯王提前察觉此事，诛杀吕氏一族，保全了刘氏天下。然而，从本书第五章的分析可以看出，所谓“诸吕之乱”完全是虚构的。“诸吕之乱”的真相，是齐王刘襄与朝廷大臣各自为了获得帝位与政治权力而发动的政变。一方面，从事件发生前吕氏一族的动向来看，他们既没有理由作“乱”，也没有具体的准备与计划。事件发生当天，吕氏一族也完全没有作乱的迹象。不仅如此，从史料中可以看出，吕氏一族对大臣们心存畏惧。另一方面，齐王及其兄弟将吕太后之死视为一次机会，主动举兵，想要称帝，公然要求铲除吕氏一族。对此，身在朝堂的大臣以吕氏令灌婴镇压齐王为契机，获得军权，开始了清除吕氏一族的行动。但是，随着加入大臣政变的齐王之弟刘章擅自杀死吕氏族人，事件不断升级。结果，不仅吕氏一族全部被杀，惠帝的儿子少帝及其兄弟也全部被杀。这一事件终结了惠帝一系的统治，之后的皇帝都是文帝的子孙，可以说是西汉内部的“王朝”交替。

通过阐明“诸吕之乱”的真相，能够明确以下三点。第一，吕氏一族不想作“乱”，也不想夺取刘氏天下。第二，吕氏一族因该事件被清除，但事件的主谋却未必达到了目的。齐王未能称帝，周勃等大臣也没有长期掌权，两方都被文帝严加防范，未得善终。第三，“诸吕之乱”发生至今2000多年来，“乱”的真相一直被掩盖，恐怕是中国历史上最长久的冤案之一。通过查明“诸吕之乱”的真相，可以揭示西汉初期的历史原貌。

吕太后时期的权力结构

从“诸吕之乱”的经过与结局可以看出，吕太后时期，国家权力的中心是皇帝和吕太后，其周围有功臣集团、刘氏集团与吕氏集团三个权力集团。

功臣集团是西汉建立过程中必然出现的集团，他们在西汉的建立过程中留下了卓越功绩，拥有优秀的军事、行政能力，且人数庞大，是力量非常强大的势力。这个集团与皇帝的关系既有合作也有对抗。一方面，西汉建立后，功臣获得了政治权力与经济利益，是保卫汉帝国的重要力量。另一方面，基于功臣集团内部的政治权力与经济利益的分配方法，他们可能存在着反对皇帝的一面。特别是随着西汉的建立，与刘邦的对等关系转变为君臣关系，功臣集团对此无法坦然接受。此外，功臣集团与刘邦一起夺取了天下，却没能充分获得管理天下的政治权力，功臣集团尤其是武将们对此很不满。功臣集团的这种两面性在刘邦时期就已显现，到了吕太后时期，这种两面性显著地向后者倾斜。功臣集团凭借功绩，甚至在皇帝刘邦面前也毫不收敛。因此，刘邦采取抑制功臣的策略，而这当然招致了功臣的不满。这种抑制措施在吕太后时期得到延续，故不言而喻，功臣的不满情绪进一步高涨。面对这样的功臣集团，吕太后不得不一边强化自己日渐衰弱的权力基础，一边设法对抗。

刘氏集团是以刘氏诸侯王为中心的地方势力，虽然人数不多，但作为诸侯王，占据着西汉一半左右的国土面积。刘氏集团与现任皇帝的关系也具有两面性。刘邦在世时，刘氏诸侯王都是刘邦的子孙与亲戚，所以他们是皇帝强有力的支持势力。对朝廷的功臣集团与皇帝周围的吕氏集团等异姓势力而言，刘氏诸侯王能发挥很大的牵制力。至惠帝时期，诸侯王的立场发生了很大变化。虽然惠帝与刘氏诸侯王在守护刘氏天下这一点上是一致的，但只要天下不易主，地方的刘氏诸侯王就成了惠帝潜在的帝位竞争者。在这一点上，诸侯王与皇帝之间的对立非常明显。这种对立从惠帝即位时就已产生，至少帝时期愈发明显。因此对吕太后而言，压制可能挑战自己子孙惠帝系帝位的强大诸侯王就显得很有必要。

吕氏集团是指吕太后以外的吕氏一族。作为外戚，其唯一的权力基础是与皇帝的血缘关系。只要皇帝在位，吕氏集团就可以确保自己的地位与权力，所以保护现任皇帝的地位是他们的最高目标。自己称帝显然不是他们的目的，也几乎没有实际的可能性。因此对吕太后与惠帝、少帝而言，吕氏集团是牵制朝廷上的功臣集团与地方上的刘氏集团最可靠的权力集团。但是，这个集团在人数与能力上都不敌功臣集团。并且，越是重用这个集团，就越有可能招致功臣集团与刘氏集团的反抗。

吕太后时期的这种权力结构，随着其自身权力基础的逐渐衰弱而变化。尤其是朝堂中原本被文臣掌握的国家权力被渐渐转移到吕太后亲信的手中。不久后，在西汉建立过程中几乎没有功绩的吕氏集团受到重用。吕太后临死前，更是将中央的行政权与军权全部移交给吕氏集团，后者遍布宫廷内外，并手握全国最高的行政权与军权。至此，吕氏集团不仅要面对本已不满的武将的强烈反对，还要面对文臣的强烈反对。此外，吕太后死后，吕氏集团的力量进一步减弱，不再是支撑少帝刘弘的强大后盾。故而皇权受到了地方诸侯王中势力最大的齐王的挑战。所谓“诸吕之乱”，正是发生于吕太后时期权力结构剧烈崩溃的过程中。

吕太后与刘氏一族的关系

如前所述，在既往的西汉史研究中，吕太后时期并没有受到太多重视。此外，在以该时期为对象的研究中，受《史记》《汉书》的影响，基本上都是在吕太后对抗刘氏（刘邦与刘氏诸侯王）、吕太后对抗功臣的对立框架中加以讨论。但从本书的研究可以看出，这只是吕太后与刘氏集团和功臣集团关系的一个侧面，并非全部。事实上，吕太后很得刘邦信任，从刘邦时期开始就参与国政，为确立刘氏天下做出了巨大贡献。换言之，吕太后绝非刘邦的敌人，反而是刘邦最值得信赖的合作者。特别是在守护惠帝一系的刘氏天下这点上，吕太后与刘邦是毫无分歧的。

吕太后与刘邦的确在儿子刘盈的皇太子地位一事上产生了激烈的对立，但刘盈皇太子的地位确立以后，双方的根本性对立就不复存在了。换言之，守护刘邦的天下就与守护将来刘盈的天下联系到了一起。此外，刘邦去世后，帝位由惠帝、少帝继承，因此守护帝位也就是守护吕太后与吕氏一族的利益，故而吕太后不可能有以吕氏代刘氏天下的想法。因为，吕氏天下意味着吕太后的侄子们掌握天下，牺牲具有正统性的子嗣地位，冒着巨大的政治风险为侄子们追求利益，这不符合常识。

在与刘氏诸侯王的关系上，吕太后软硬兼施。一方面，对威胁惠帝与吕氏一族地位，或有可能威胁吕太后地位的诸侯王除之而后快。例如，被吕太后杀死的赵隐王如意就威胁到了刘盈的皇太子地位。赵幽王刘友因说"吕氏安得王！太后百岁后，吾必击之"而被吕太后杀死。此外，少帝刘恭也对吕太后说："后安能杀吾母而名我？我未壮，壮即为变。"因此被杀。还有，吕太后认为齐悼惠王刘肥是一个威胁时，也想杀了他，但刘肥态度顺从，逃过一劫。至于其他六位刘氏诸侯王（刘邦之子燕王刘建、赵恭王刘恢、代王刘恒、淮南王刘长，之弟楚王刘交，侄子吴王刘濞），吕太后没有加害他们。

另一方面，吕太后对不会威胁惠帝及少帝地位的刘氏诸侯王采取了怀柔政策，其中最具代表性的做法是将吕氏一族的女儿嫁给刘氏诸王及其兄弟。例如吕太后时期成为大将军的刘泽、前文提及的刘章，以及先后两位赵王刘友和刘恢的王后都是吕氏一族的女儿。

由此可见，吕太后并非想取代刘氏，而是通过与刘氏联姻，谋求吕氏一族地位的永久化。

吕太后与大臣的关系

迄今为止关于吕太后与大臣关系的研究，受到《史记》与《汉书》的影响，只强调双方的对立，这也是相当片面的看法。一旦采用这样的观点，就很难客观地把握西汉前期的历史。从本书的分析中可以看出，惠帝去世前，吕太后与大臣的关系一直不错。吕太后确实杀死了韩信、彭越等功臣，但这是因为他们威胁了刘氏天下，至于毫无危险的萧何、张良、陈平和周昌等功臣，吕太后与他们的关系非常好。正是因为有良好的关系，惠帝才得以保全皇太子的地位。此外，在西汉初期这种政治形势不稳定的时期，吕太后之所以能在刘邦去世后维持长达 15 年的实际统治，正是因为有大臣们的支持与协助。这种支持与合作源自双方的信任关系。

不过到了晚年，吕太后与大臣之间产生了严重对立。由于惠帝过早离世，吕太后的权力基础严重受损，仲兄吕释之和妹夫樊哙的相继离世更令她的境况雪上加霜。不难想象，亲属接二连三的去世给吕太后带来了不可估量的政治打击与精神打击。在这种情况下，吕太后的心态逐渐封闭，官僚任用也从能力优先转向个人信任关系优先，最终变成只信任自己的亲族。吕太后与大臣的对立也在这一时期达到了顶点。不过，要是从此时的情况来考虑吕太后与大臣关系的整体状况，并不一定恰当，双方的关系要根据吕太后权力基础的变化加以动态研究。

“诸吕之乱”对文帝时期政策的影响

在文帝时期的相关研究中，迄今为止几乎没有与“诸吕之乱”相关的研究。而从本书的讨论中可以看出，文帝即位是以“诸吕之乱”这一严重流血事件为契机，依托大臣们的意愿才得以实现的。因此，文帝即位之初就存在正统性问题。这对文帝时期朝廷与地方诸侯王的关系产生了很大影响，也成为当时各种政策与事件的具体原因。此外，由于少帝被大臣们杀害，故文帝对大臣们非常警惕，通过各种政策抑制其力量。文帝因“诸吕之乱”即位，故文帝时期的多数政策都与此事关联深刻。因此，在研究文帝时期的诸问题时，必须把“诸吕之乱”的影响作为一个重要因素来考虑。

西汉初期历史的分期

关于西汉史分期，到目前为止，从刘邦至景帝为西汉初期，武帝开始为西汉中期的看法已经成为普遍观点，但笔者基于三个理由，认为有必要重新探讨对西汉初期的划分。首先，正如笔者指出的那样，吕太后从刘邦时期开始就在国政中发挥重要作用，加上惠帝时期与少帝时期，20 多年来，她一直站在政治舞台上，从这一点来看，刘邦时期与吕太后时期是一个连贯性与同质性很高的历史时期。其次，文帝的统治在“诸吕之乱”发生后，这一时期采用了与以往不同的各种政策。最后，从第五章的讨论中也可以看出，“诸吕之乱”后，文帝及其子孙继承了皇位，正因如此，文帝被尊为太宗。从这个意义上而言，文帝的即位可视为刘氏内部的“王朝”交替，与刘邦时期和吕太后时期存在本质差异。打比方来说，刘邦时期与吕太后时期是西汉王朝的序曲，而从文帝时期开始，进入了主题曲阶段。因此可以认为，刘邦时期与吕太后时期是一个单独的历史时期，在研究上应该与此后的时期相区别。

刘邦集团

从司马迁在《史记》中把刘邦及其伙伴组成的刘邦集团视为铁板一块以来，对刘邦集团的这种看法几乎没有改变。至今关于西汉历史的众多研究中，仍然把刘邦集团作为一个整体利益集团来讨论。[①] 然而，从本书的分析中可以看出，刘邦集团与其他政治集团一样，也由各种各样的势力构成，根据文臣与武将的身份、出生地、每个人的性格与价值观，以及与刘邦的关系等，可以分为各种各样的利益集团。有共同敌人的情况下，刘邦集团作为一个集体行动；但如果没有共同的敌人，则可以看到集团内部各势力会为了自身的利益而行动各异。事实上，从刘邦时期到吕太后时期，能看到诸多人物以各种形式协助或反抗皇权。吕太后任命三公时，正是利用了刘邦集团内部的对立与矛盾，使之互相牵制，从而展开统治。由此可见，对西汉初期的研究需要深入刘邦集团内部，展开更为详细、动态的讨论。

---

① 主张此观点的研究，可参见西嶋定生：《中国古代国家と東アジア世界》，东京大学出版会，1983 年；守屋美都雄：《漢の高祖集団の性格について》，《歷史学研究》1952 年第 158 号、第 159 号；李开元：《漢帝国の成立と劉邦集団：軍功受益階層の研究》，汲古书院，2000 年。

"三权并立"是否存在

西汉初期的权力结构并不像李开元先生认为的那样"三权并立"，皇帝权力明显处于优势地位。西汉初期，功臣与刘邦之间是伙伴关系，与惠帝之间则有着"伙伴之子"这一庶民时代形成的亲近感。因此，这一时期刘邦、惠帝与功臣的关系并非像武帝时期以后那样，是绝对的君臣关系，而是地位相对接近。因此才会有相国曹参在惠帝面前自以为是，或是右丞相王陵公然反对吕太后的情况。不过，这种情况只能见于一些比较特殊的人际关系。例如在萧何、陈平和审食其的身上就完全看不到这样的言行，他们反而对皇帝与吕太后显示出顺从。最重要的是，无论相国还是丞相，任命权都在皇帝手中。如曹参的相国之位由惠帝任命，在惠帝面前必须称"臣"。反对吕太后的王陵也因为吕太后的一句话，被迫辞去右丞相一职。由此可见，在相对意义上，西汉初期的相国或丞相可能比后世的丞相权力更大，[①] 但皇帝与他们的关系还是统治与服从的关系，绝对不是"并立"关系。

刘邦时期的刘氏诸侯王都是刘邦所封的亲属，双方显然不是"并立"关系。至吕太后时期，吕太后一纸命令就更换了刘氏诸侯王的王国，或是杀死让她感到有威胁的诸侯王。从这一点来看，朝廷与诸侯王的关系也是统治与服从的关系，而非"并立"关系。因此，西汉初期的皇帝权力确实没有后世那么大，但与功臣、地方诸侯王相比，仍然是高高在上的。

① 安作璋、熊铁基：《秦汉官制史稿》，齐鲁书社，1985 年。

功臣集团与任侠精神

在日本的战国秦汉史研究中，增渊龙夫的任侠理论是一个重要基础。增渊龙夫认为，功臣凭借任侠精神与刘邦联合，支撑着处于危险中的刘氏皇权，从吕氏一族手中夺回天下。如果这一观点正确，刘邦就不必采取抑制功臣势力的政策，吕太后也不必警惕这些“怏怏”的功臣。从本书的分析可以看出，在刘邦去世后发生的种种事件中，特别是“诸吕之乱”的过程中，功臣们的身上是看不到任侠精神的。不仅如此，他们反而优先考虑自己的利益行事。功臣集团不是为了刘氏，而是为了自己的权力与利益发动了被称为“诸吕之乱”的政变，甚至杀害了刘邦的孙子少帝及其兄弟。如果说将吕氏一族全部诛杀是为了保护刘氏天下，那为什么连真正的惠帝之子、刘邦之孙少帝及其兄弟也要杀死？传统观点并不能解释这一点。由此可见，西汉早期历史研究中所谓的任侠理论是一个理想化的假设，它忽视了西汉建立导致刘邦与曾经的伙伴之间的关系发生实质性变化的现实。因此，有必要重新讨论该理论的有效性。

西汉初期与吕氏一族相关史料的利用与甄别

从本书的分析可以看出，自吕氏一族被大臣们诛杀的那一刻开始，吕太后及其家族相关的历史就被人为地加以伪造。此外，以“诸吕之乱”为契机，与西汉初期历史相关的很多事实也以被歪曲的形式记录在正史中。

这种伪造与歪曲源于多种原因。一是记录者的主观判断。例如，

《汉书》的作者班固有意将功臣集团作为维护刘氏天下的忠臣。因此，在关于"诸吕之乱"的记述中有美化功臣行动的倾向。这一点通过对比班固的《汉书》与司马迁的《史记》关于此事的记载就可以清晰看出。二是当权者的意向。与班固不同，我们一般认为司马迁客观地书写了汉代历史。但即使是司马迁，应该也不能完全忠实地记载当权者忌讳之事，因此他在书中留下了不少模糊不清、前后矛盾之处。还有一个重要原因，即对历史事件，能记录其目的与始末的只有胜利者。在历史事件中，偶发因素很多，各种势力在众多似是而非的信息中被卷入事件中，意外导致的结果也为数不少。但在事件结束后，只有幸存的胜利者能够谈论事件目的与经过，然后形成史料留存下来。因此，在利用西汉初期的相关史料，尤其是与吕氏一族相关的史料时，需要十分细致、严密考察。

吕太后其人

在史书中，吕太后被描述为虐杀刘邦宠妃、接连杀害开国功臣与刘氏诸侯王的残忍至极的毒妇。直到今天，吕太后都是如此形象。因此，吕太后与吕氏一族对西汉的贡献有被忽视或被恶意曲解的倾向。而从本书分析可以看出，吕太后并不一定是通常印象中的毒妇，反而是比普通人更强的女性。她是一位坚持自我主张的妻子，是拼命保护自己孩子的母亲。

吕太后从西汉建立到去世，确实杀了很多人，但她并不一定是胡乱杀人。她杀的人有三类，第一类是韩信、彭越等威胁西汉政权者，第二类是戚夫人、赵王如意等威胁惠帝地位者，第三类是赵王刘友等威胁吕氏一族安全者。在西汉初期政治形势不稳定的情况下，清除敌对者是保证生存的一种手段。

从本书的研究中还可以看出，吕太后在某种意义上是很有人情味的。她积极回报帮助自己和自己子女的人，并与刘邦周围的功臣建立了良好的关系。另外，吕太后非常能干，有着出色的决断力与行动力，在西汉初期的政治中发挥了很大作用。建国后，刘邦能够长期离开都城，大概正是因为有吕太后留守都城，刘邦对吕太后也有依赖。在这个意义上，对吕太后来说，只要儿子是太子，她在保卫西汉这一点上就与刘邦的利益完全一致，绝不会有取代刘氏天下的想法。

不过，吕太后也确实有贪恋权力与利益的一面。一方面，刘邦死后，其子刘盈成为皇帝，吕太后却把自己的外孙女，也就是鲁元公主的女儿安排为惠帝的皇后。另外，吕太后去世前将吕产之女立为少帝皇后。这是想通过自己的子孙与吕氏一族的子孙独占汉帝国的权益。笔者认为，这些举动与吕太后在刘邦时期多次面临太子被废的危机不无关系。即吕太后自己好不容易为惠帝一系子孙取得了天下，她不希望通过联姻将之分给他人（与吕太后、吕氏一族无关的皇后及其家族）。另一方面，吕氏一族则通过与刘氏诸侯王及其兄弟联姻，想要共享刘氏诸侯王的权益。这一行为一方面招致了刘氏诸侯王的反对，另一方面使得吕氏一族无法通过与有力功臣联姻来加强不断衰弱的权力基础，形成支撑皇帝的新势力。这是此后“诸吕之乱”发生的一个长期诱因。

在“诸吕之乱”中，吕氏一族全部被杀，这是一个很大的悲剧。这场悲剧绝不仅仅是吕太后自身的残忍与贪婪造成的，而是她面对的政治与历史状况引发的悲剧。秦朝是中国首个大一统王朝，但很快就灭亡了，因此大一统国家的应有状态与统治方式尚未固定下来。此外，西汉是中国历史上第一个因农民起义而诞生的帝国，皇帝与功臣的对立在某种意义上可以说是一种必然。从帝国统治的角度来看，必须抑制功臣的力量，但此举势必招致功臣的反对。同时，西汉也面临着处理中央政府与地方诸侯王的关系这一前所未有的问题。为了加强皇权，就必须压制地方诸侯王的力量，但这会招致他们的反抗。再加上史无前例的皇太后临朝称制，该如何处理朝廷上的功臣集团、地方刘氏诸侯王集团及外戚吕氏集团的关系，自然成了一大课题。

可见君主与臣下、中央与地方、刘氏与外戚等问题，在吕太后时期值得借鉴的先例很少，应当遵守的规则也不甚明确，只能摸索尝试。对吕太后而言尤其不幸的是，惠帝与自己的亲属相继离世。对这种情况深感不安的吕太后逐渐封闭了自己。不言而喻，这些死亡事件对吕太后在制定与功臣、刘氏诸侯王及吕氏一族有关的政策上都产生了负面影响。可见，吕太后的悲剧是历史因素、其政策及其个人不幸遭遇等诸多因素共同作用的结果。

在看待西汉历史时，皇帝之位由刘邦子孙来继承常被认为是理所当然的。然而，从西汉建立到刘邦去世，时间很短暂，在此期间，功臣的叛乱时有发生。并且，刘邦的后继者惠帝力量薄弱，万难保证刘氏天下的长久。在这种不稳定的情况下，吕太后长达 15 年的统治，可以说确立了刘氏天下的格局。不仅如此，甚至西汉的统治形态，乃至中国长达 2000 多年的帝制形态，都有一部分是由吕太后的统治塑造的。就此意义而言，吕太后是与刘邦一同创造了皇帝统治形式的历史人物。

参考文献

中文文献

1. 安作璋、熊铁基:《秦汉官制史稿》，齐鲁书社，1985 年。
2. 卜宪群:《评〈汉帝国的建立与刘邦集团〉》,《中国史研究》2001 年第 2 期。
3. 陈直校证:《三辅黄图校证》，陕西人民出版社，1980 年。
4. 冯惠民:《重评吕后》,《山东师院学报（哲学社会科学版）》1980 年第 2 期。
5. 贺昌群:《汉初之南北军》,《中国社会经济史集刊》1937 年第 5 卷第 1 期。
6. 胡一华:《刘邦逝世后斗争述评》,《丽水师专学报》1984 年第 3 期。
7. 黄今言:《秦汉军制史论》，江西人民出版社，1993 年。
8. 赖惠敏:《西汉长安城的营建及其政治功能》,《台湾大学建筑与城乡研究学报》1981 年第 1 卷第 1 期。
9. 劳榦:《论汉代的卫尉与中尉兼论南北军制度》,《劳榦学术论文集甲编》下册，艺文印书馆，1976 年。
10. 廖伯源:《试论西汉时期列侯与政治之关系》,《文史研究论集》，学生书局，1986 年。
11. 陆贾:《新论》,《汉魏丛书》，吉林大学出版社，1992 年。
12. 吕思勉:《秦汉史》，上海古籍出版社，1983 年。
13. 吕思勉:《中国制度史》，上海教育出版社，1985 年。

14. 马端临：《文献通考》，中华书局，1986 年。
15. 裴洛：《吕后的发迹、权术和倾覆》，《文科教学》1980 年第 1 期。
16. 秦进才：《汉代白马之盟初探》，《河北师院学报》1984 年第 3 期。
17. 司修武：《黄老学说与汉初政治平议》，学生书局，1992 年。
18. 史念海主编：《西安历史地图集》，西安地图出版社，1996 年。
19. 孙毓棠：《西汉的兵制》，《中国社会经济史集刊》1937 年第 5 卷第 1 期。
20. 谭其骧：《中国历史地图集》，中国地图出版社，1982 年。
21. 王鸣盛：《十七史商榷》，上海书店出版社，2005 年。
22. 吴仰湘：《汉初"诛吕安刘"之真相辨》，《湖南师范大学社会科学学报》1998 年第 1 期。
23. 杨鸿年：《汉魏制度丛考》，武汉大学出版社，1985 年。
24. 杨树达：《汉代婚丧礼俗考》，上海古籍出版社，2007 年。
25. 俞正燮：《癸巳类稿》，四库全书版。
26. 张家山二四七号汉墓竹简整理小组：《张家山汉墓竹简》，文物出版社，2001 年。
27. 中国社会科学院考古研究所编著：《汉长安城未央宫：1980~1989 年考古发掘报告》，中国大百科全书出版社，1996 年。

日文文献

1. 薄井俊二：《恵帝の即位——漢初政治における外戚の役割》，《埼玉大学紀要（教育学部・人文・社会科学）》1992 年第 41 卷第 1 号、第 2 号。
2. 薄井俊二：《漢の文帝について——皇帝としての権威確立問題，及び対匈奴問題をめぐって》，《埼玉大学紀要（教育学部・人文・社会科学）》1995 年第 44 卷第 1 号。
3. 薄井俊二：《前漢の文帝における儒家的皇帝像（その一）》，《埼玉大学紀要（教育学部・人文・社会科学）》1999 年第 48 卷第 1 号。
4. 大庭脩：《秦漢法制史の研究》，创文社，1982 年。
5. 镰田重雄：《秦漢政治制度の研究》，日本学术振兴会，1962 年。
6. 楠山修作：《呂公についての一考察》，《東洋文化学科年報》1995 年第 10 号。
7. 熊谷滋三：《前漢の典客・大行令・大鴻臚》，《東洋史研究》2001 年第 59 卷第 4 号。
8. 栗原朋信：《秦漢史の研究》，吉川弘文馆，1986 年。

9. 小仓芳彦：《入門・史記の時代》，筑摩书房，1996 年。

10. 古贺登：《漢長安城と阡陌・県郷亭里制度》，雄山阁出版社，1980 年。

11. 佐竹靖彦：《劉邦》，中央公论新社，2005 年。

12. 佐原康夫：《漢代の官衙と属吏について》，《東方学報》1989 年第 61 册。

13. 重近启树：《秦漢の兵制について：地方軍を中心として》，《人文論集》1986 年第 36 卷。

14. 泷川资言：《史记会注考证》，北岳文艺出版社，1999 年。

15. 谷口廉誉：《漢代の皇后権》，《史学雑誌》1978 年第 87 编第 11 号。

16. 谷口廉誉：《漢代の“太后臨朝”》，《歴史評論》1980 年第 359 号。

17. 富田健之：《前漢武帝期以降における政治構造の一考察：いわゆる内朝の理解をめぐって》，《九州大学東洋史論集》1981 年第 9 号。

18. 富田健之：《漢代における“黄門”の官をめぐって：黄門侍郎と宦官小黄門を中心に》，《九州大学東洋史論集》1983 年第 12 号。

19. 富田健之：《内朝と外朝——漢朝政治構造の基礎的考察》，《新潟大学教育学部紀要（人文・社会科学編）》1986 年第 27 卷第 2 号。

20. 富田健之：《漢時代における尚書体制の形成とその意義》，《東洋史研究》1986 年第 45 卷第 2 号。

21. 富田健之：《漢代政治制度史に関する二・三の問題：内朝・外朝及び尚書問題について近年の研究をめぐって》，《東アジア：歴史と文化》1992 年第 1 号。

22. 富田健之：《大司馬大将軍霍光》，《新潟大学教育学部紀要（人文・社会科学編）》1994 年第 35 卷第 2 号。

23. 富田健之：《前漢後期における尚書体制の展開とそれをめぐる諸問題——中書宦官・三公制形成・王莽政権》，《東アジア：歴史と文化》1998 年第 7 号。

24. 西川春华：《後漢光武帝期における皇后交替の背景について》，《大正大学大学院研究論集》1996 年第 20 号。

25. 西嶋定生：《中国古代国家と東アジア世界》，东京大学出版会，1983 年。

26. 西嶋定生：《秦漢帝国：中国古代帝国の興亡》，讲谈社，1997 年。

27. 布目潮沨：《呉楚七国の乱の背景》，《東洋史論叢：和田博士還暦記念》，讲谈社，1951 年。

28. 滨口重国：《前漢の南北軍について》，《秦漢隋唐史の研究》上卷，东京大学出版会，1966 年。

29. 藤田胜久：《〈史記〉呂后本紀にみえる司馬遷の歴史思想》，《東方学》1993年第86辑。

30. 藤田高夫：《前漢後半期の外戚と官僚機構》，《東洋史研究》1990年第48卷第4号。

31. 增渊龙夫：《中国古代の社会と国家》，岩波书店，1996年。

32. 宫崎市定：《中国史（上）》，岩波书店，1977年。

33. 美川修一：《所謂漢の高祖の功臣の動向について——呂后専権の基盤》，《中国前近代史研究》，雄山阁出版社，1980年。

34. 守屋美都雄：《漢の高祖集団の性格について》，《歴史学研究》1952年第158号、第159号。

35. 好并隆司：《前漢の君主権をめぐる内・外朝》，《史学論叢》1999年第29号。

36. 李开元：《漢帝国の成立と劉邦集団：軍功受益階層の研究》，汲古书院，2000年。

附　录

刘邦年表

公历	汉历	月	刘邦的动向	其他重要事件
前 209 年	秦二世元年	九月	与萧何、曹参等人举兵，称沛公。	项梁与项羽在吴起兵。 田儋与堂弟田荣、田横在齐起兵，自立为齐王。 韩广自立为燕王。 魏咎自立为魏王。
前 208 年	秦二世二年	十月	攻打胡陵、方与，返回丰邑防守。	命令雍齿驻守丰邑。
		十一月	率领军队前往薛县，之后前往亢父、方与。	
		十二月		陈涉被杀。 雍齿投降魏国，为魏国据守丰邑。
		正月	遇见张良，拜为军师。在萧县西与秦军战斗，失利。	赵歇自封为赵王，景驹自封为楚王。
		二月	攻破砀县，得六千人。	
		三月	攻破下邑。 攻打丰邑，失利。	

（续表）

公历	汉历	月	刘邦的动向	其他重要事件
前208年	秦二世二年	四月	攻破丰邑。	项梁杀死景驹。 雍齿逃亡魏国。
		六月	前往薛县。	与项梁一同拥立楚怀王之孙熊心为楚怀王。 章邯杀害魏王魏咎和齐王田儋。
		七月	攻打亢父。在东阿与濮阳击破章邯。 攻打定陶。	
		八月	和项羽一同向西进军，攻打雍丘。	田儋之子田市成为齐王。
		九月	攻打陈留。	项梁战死。 魏豹自封为魏王。 楚怀王迁都彭城。
		后九月	为砀郡长，封武安侯。 在城阳与杠里击破两支秦军。	项羽封鲁公。 宋义、项羽、范增救援赵国。
前207年	秦二世三年	十月	在成武击破东郡太尉。	
		十一月		项羽杀宋义，自封上将军。
		十二月	与魏将一同击破秦军。	项羽在巨鹿击破秦军。
		二月	和彭越会合，共同进攻昌邑，失利。	
		三月	进攻开封失利。 在白马、曲遇击破杨熊。	

（续表）

公历	汉历	月	刘邦的动向	其他重要事件
		四月	进攻韩国颍川。 与赵国别将战斗，进攻平阴。	
		七月	南阳太守投降。 进攻胡阳、析、郦。	章邯向项羽投降。
		八月	进攻武关。	赵高杀秦二世。
		九月	在蓝田击破秦军。	子婴称秦王，杀赵高。
前 206 年	汉元年	十月	抵达灞上。 前往咸阳，重返灞上。	子婴投降。
		十二月	封锁函谷关。	鸿门宴。 项羽屠咸阳城。
		一月		楚怀王被尊为义帝。
		二月	被封汉王。	项羽自称西楚霸王。
		四月	前往汉王国。	张良返回韩国，韩信拜大将军。
		六月		田荣自立为齐王。 彭越于梁地叛乱。 田荣吞并三齐。
		八月		臧荼杀韩广，吞并其地。 塞王欣、翟王翳降汉。
		九月	派遣薛欧、王吸、王陵至沛县迎接刘太公、吕后，失败。	

（续表）

公历	汉历	月	刘邦的动向	其他重要事件
前 205 年	汉二年	十月	到达陕地，河南王降汉，置河南郡。	项羽杀义帝。 张耳降汉。 陈馀为代王。 张良返回汉。 韩王郑昌投降。
		十一月	定都栎阳，得陇西。	韩国太尉韩信为韩王。
		三月	攻陷河内，置河内郡。 前往洛阳。	魏豹和陈平归顺汉。
		四月	五国诸侯联军伐楚。 彭城之战大败，投奔下邑的周吕侯。	田荣之子田广为齐王。 彭越归顺汉。 项羽扣押刘太公、吕后为人质。
		五月	驻守荥阳，与楚军在京、索之间展开战斗，获胜。	魏豹降楚。
		六月	返回栎阳，立刘盈为太子。 置河上郡、渭南郡、中地郡、陇西郡、上郡。	章邯自尽。
		八月	前往荥阳。	韩信、曹参、灌婴攻打魏国。
		九月	置河东郡、太原郡、上党郡。	韩信等人擒获魏王豹。
前 204 年	汉三年	十月	置常山郡、代郡。	韩信、张耳攻打赵国，杀陈馀，擒获赵王赵歇。
		十二月	与黥布共赴成皋。	黥布归顺汉。

（续表）

公历	汉历	月	刘邦的动向	其他重要事件
		四月	于荥阳被项羽包围。	范增病死。
		五月	与项羽战于宛邑、成皋。	魏豹被周苛等人杀死。彭越攻破薛城，杀薛公。
		六月	夺张良、韩信兵权。命张耳在赵国征兵。	项羽杀周苛。项羽俘获韩王信。
前 203 年	汉四年	十月	在汜水大败楚军。被项羽射箭击中。	韩信攻破齐国。
		十一月	前往栎阳。疗伤后返回军中。	韩信、灌婴攻破楚军，俘获齐王田广。田横自封齐王。汉封张耳为赵王。
		二月		韩信被封为齐王。
		七月		黥布被封为淮南王。
		八月	以鸿沟为界，与项羽中分天下。	
		九月		刘太公与吕太后被释放。
前 202 年	汉五年	十月	与韩信、彭越相约于固陵集结，两军未到，被楚军大败。听从张良之谋，集结韩信、彭越两军。	
		十一月		刘贾包围寿春，周殷叛楚。

（续表）

公历	汉历	月	刘邦的动向	其他重要事件
		十二月	垓下之战，战胜项羽。前往定陶，夺韩信兵权。	卢绾、刘贾俘获临江王共尉。
		正月		韩信被封为楚王，彭越被封为梁王。
		二月	即皇帝位。定都洛阳。	封长沙王、闽越王。
		五月	解散军队。	齐王田横自尽。
		（七）月	前往洛阳。平定利几叛乱。	臧荼叛乱。
		九月	俘获臧荼。	卢绾被封为燕王。樊哙平定代地。
		后九月		开始营建长乐宫。
前 201 年	汉六年	十二月	于陈地会见诸侯。抓获韩信。于洛阳论功行赏，为萧何等人封侯。	韩信降为淮阴侯。
		正月		刘贾被封为荆王，刘交被封为楚王，刘喜被封为代王，刘肥被封为齐王。
		三月	前往栎阳。	雍齿被封侯。
		五月	尊刘太公为太上皇。	
		九月		韩王信投降匈奴。

（续表）

公历	汉历	月	刘邦的动向	其他重要事件
前 200 年	汉七年	十月	讨伐韩王信。 于平城被匈奴包围。	樊哙平定代地。 长乐宫建成。
		十二月	经过赵国。	代王刘喜弃国。 如意被封为代王。
		二月	前往长安。 将都城从栎阳迁到长安。	开始营建未央宫。
		四月	前往洛阳。	
前 199 年	汉八年	冬	在东垣讨伐韩王信的残党。	
		十二月	从东垣前往长安。	
		三月	前往洛阳。	
		九月	从洛阳前往长安。	
前 198 年	汉九年	十月		未央宫建成，诸王来朝。
		十二月	前往洛阳。	赵王张敖被疑谋反而入狱。
		正月		废赵王张敖，封如意为赵王。
		二月	从洛阳前往长安。	任命赵国大臣田叔、孟舒等人为郡太守、封国相国。
前 197 年	汉十年	十月		诸王来朝。
		九月	陈豨在代地叛乱，刘邦亲征。	

（续表）

公历	汉历	月	刘邦的动向	其他重要事件
前 196 年	汉 十一年	冬	前往邯郸，攻打东垣。	周勃平定代地。
		正月	前往洛阳。	韩信在长安谋反。 柴武杀韩王信。 刘恒被封为代王。
		三月		彭越因叛乱被捕。 吕太后从长安前往洛阳，在洛阳杀彭越。 刘恢被封为梁王，刘友被封为淮阳王。
		四月	从洛阳前往长安。	
		五月		册封南越王。
		七月	黥布叛乱，刘邦亲征。	刘长被封为淮南王。 刘贾战死。
前 195 年	汉 十二年	十月	大败黥布，途经沛县。	周勃杀陈豨。 刘濞被封为吴王。
		十一月	前往长安。	
		二月		樊哙、周勃讨伐卢绾。 刘建被封为燕王。
		四月	在长乐宫驾崩。	

注：本表以《汉书》卷一《高帝纪》为基础制作，同时参考《史记》卷八《高祖本纪》等文献，未经严密考证，仅供参考。

吕太后年表

公历	汉历	季、月	事件
前 195 年	汉十二年	五月	惠帝即位。
前 194 年	惠帝元年	冬十二月	杀赵王如意，封刘友为赵王。 叔孙通再任奉常。
		春正月	开始修建长安城墙。
		九月	封长沙王之子吴浅为侯。
前 193 年	惠帝二年	冬十月	楚元王、齐悼惠王来朝。 齐悼惠王献城阳郡于鲁元公主。
		四月	长沙王的相国利苍封侯。
		七月	萧何去世，曹参任相国。
前 192 年	惠帝三年	春	征发长安周边 14.6 万人，修造长安城墙 30 日。
		六月	征发诸侯王、列侯的徒隶 2 万人修造长安城墙。 仲兄吕释之去世。
前 191 年	惠帝四年	冬十月	立鲁元公主的女儿张氏为皇后。
		三月	皇帝成年（20 岁）。
前 190 年	惠帝五年	春正月	征用长安周边 14.5 万人，修造长安城墙 30 日。
		秋八月	曹参去世。
		九月	长安城墙完工，诸侯来朝。

（续表）

公历	汉历	季、月	事件
前 189 年	惠帝六年	冬十月	刘肥去世，其子刘襄立，即齐哀王。
		十月	王陵任右丞相，陈平任左丞相，周勃再任太尉。
		夏六月	樊哙去世。
前 188 年	惠帝七年	秋八月	惠帝驾崩。
前 187 年	吕太后元年	九月	立太子刘恭为皇帝，即少帝。
		十一月	王陵任皇帝太傅，陈平任右丞相，审食其任左丞相。
		四月	张偃封鲁王，吕台封吕王。 封吕平、吕产、吕种为侯。 惠帝之子刘彊、刘不疑封王。 惠帝之子刘弘、刘朝、刘武封侯。 太中大夫张买、少府阳城延、齐丞相齐受、冯无择封侯。
		七月	长沙王之子吴阳封侯。
前 186 年	吕太后二年	春	评定列侯功绩，排定朝堂位次。
		五月	封楚元王之子刘郢客与齐悼惠王之子刘章为侯。
		七月	常山王刘不疑去世，封惠帝之子刘弘为常山王。
		十一月	吕王吕台去世，封吕嘉为吕王。

（续表）

公历	汉历	季、月	事件
前 184 年	吕太后四年	二月	封惠帝之子刘太为侯。
		四月	封淮阳王的丞相吕胜、吕王的丞相朱通、梁王的丞相王恬开、常山王的丞相徐厉、长沙王的丞相越、楚王的丞相吕更始、卫尉卫无择、太中大夫吕它、河南郡守周信、吕婴、吕忿为侯。
		夏	废皇帝（少帝）刘恭。
		五月	立常山王刘弘为帝（少帝）。 设太尉，任命周勃为太尉。
前 183 年	吕太后五年	八月	淮阳王刘疆去世。
前 182 年	吕太后六年	十月	封刘兴居、吕通为侯。
		四月	废吕王吕嘉，封吕产为吕王。
前 181 年	吕太后七年	春正月	赵王刘友去世。
		二月	封梁王刘恢为赵王。 封吕王吕产为梁王，同时立为少帝太傅。 封惠帝之子刘太为吕王。
		至五月	任命梁王吕产为相国，赵王吕禄为上将军。 封刘泽为琅邪王。
		六月	赵王刘恢自尽。 张敖去世。
		秋九月	燕王刘建去世，仅存的一子被杀。

（续表）

公历	汉历	季、月	事件
前180年	吕太后八年	十月	封吕通为燕王，吕壮为东平侯。
		三月	吕太后病重。
		四月	封张敖之子张侈、张寿为侯。 封中谒者张释卿、吕荣为侯。
		秋七月	吕太后在未央宫去世。
		八月	齐王举兵。 "诸吕之乱"爆发，吕氏一族被杀。

注：本表以《汉书》卷二《惠帝纪》、卷三《高后纪》，《史记》卷九《吕太后本纪》、卷十七《汉兴以来诸侯王年表》、卷十八《高祖功臣侯者年表》等文献为基础制作而成，未经严密考证，仅供参考。

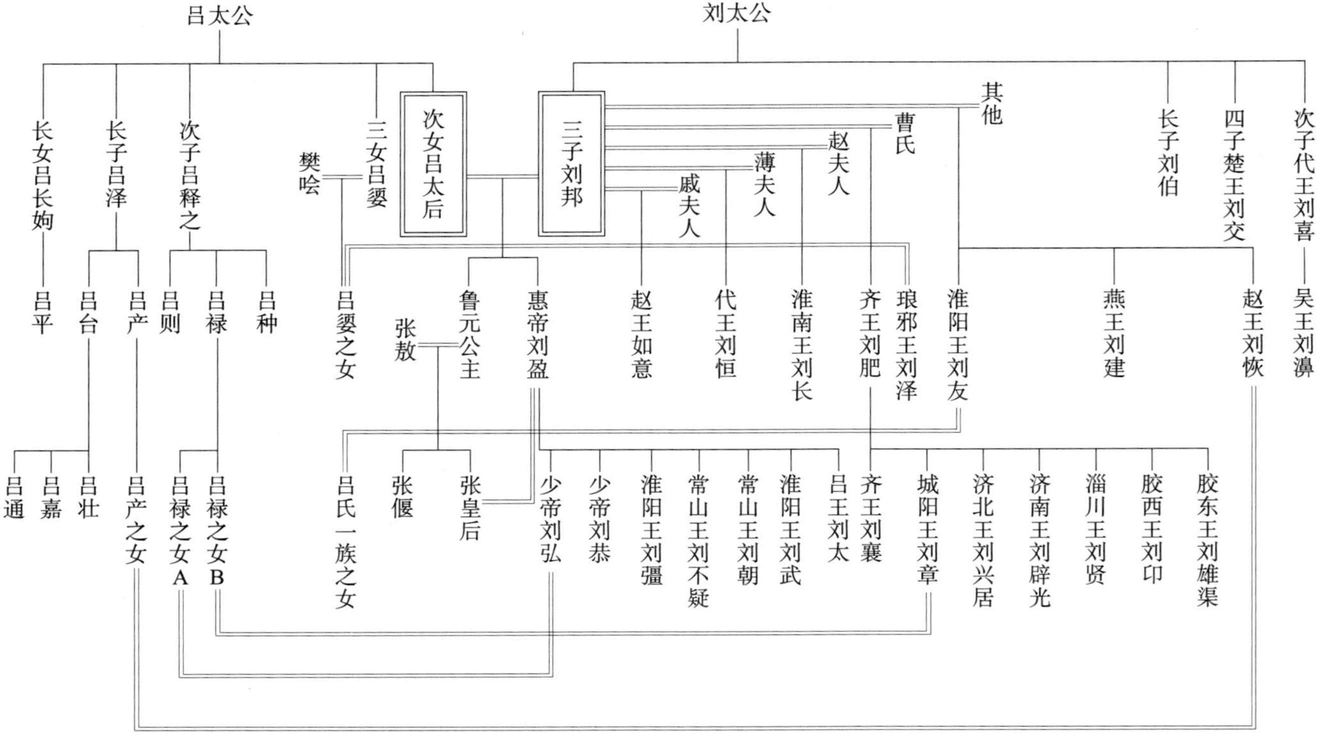

注：此图是刘邦与吕太后的世系与婚姻关系的简略示意图，并非完整世系图。

——表示血缘关系　　══ 表示婚姻关系

刘邦与吕太后世系图

后　记

1998 年 4 月，我进入东京都立大学人文科学研究科史学专业攻读博士。在烦恼博士论文主题的时候，导师佐竹靖彦教授建议我像读小说一样把《史记》重读一遍。因为阅读中国古籍是我的拿手之事，所以我想如果能借此机会再读一次我最喜欢的《史记》，那真是一举两得。就这样，我立刻开始阅读《史记》。阅读过程中，我非常在意“诸吕之乱”这一中国历史上非常有名的事件。我想凡是学过中国古代史的人，都知道这一事件的概要。即吕太后去世后，吕氏一族想要夺取刘氏天下而作乱，但被守护刘氏天下的大臣与刘氏诸侯王阻止，全部被杀。然而，不管读了多少次《史记》，我都找不到证明这个说法的证据。不仅如此，我还发现了许多吕氏一族被大臣与刘氏诸侯王阴谋陷害的证据。从此以后，我开始在心中怀疑，至今为止人们普遍认为的“诸吕之乱”，是否真的存在？

我对南北军也有同样的想法。我反复阅读原文，也不甚了解“诸吕之乱”过程中频繁出现的南军与北军的实际情况。就像是在看焦点模糊的动画一样，虽然知道大概发生了什么，却看不清楚具体发生了什么及如何发生的。阅读关于南北军的既往研究，发现从1000多年前就开始出现的多种说法，至今还没有令人信服的解释。南北军的问题对阐明"诸吕之乱"极其重要，因此我认为必须从这个问题着手，阐明南北军的实际情况。这就是本书研究的缘起。

通过本书的研究，我深切地感受到了政治史研究的困难。俗语云"成王败寇"，"诸吕之乱"中，吕氏一族是彻底的失败者，所以吕太后及其族人的历史被人为篡改，吕太后也由此被称为中国历史上最恶毒的女性。对吕太后及其家族历史的伪造，在"诸吕之乱"发生后就开始了，其影响一直持续至今。例如，我把本书某一章节的文稿投到某学术杂志时，编辑就问道："《史记》里没有这么写，你为什么这么说？"他这么问情有可原。司马迁向来被认为"秉笔直书"，因此很多人相信《史记》的记载属实。但是，司马迁撰写《史记》时，"诸吕之乱"已经过去了100余年，因此无论怎么"秉笔直书"，所记都是胜利者口中说出的片面信息。官方记录当然基于皇帝的立场而写，司马迁走访的当事人子孙也站在各自祖先的立场上讲述事件的经过。而后司马迁把它们如实地记录下来，想把事件的真相客观地告知后世。正如唐朝司马贞在《史记索引》中指出的那样："太史公闻疑传疑，遂各记之，则所谓实录。"由此可以看出，《史记》中所写的并非全部正确，而是忠实地记录了从相关者处收集来的充满矛盾的信息。我认为这些矛盾反而给了我们澄清事件真相的重要线索。本书试图通过彻底追寻史书中的矛盾记述，挖掘出事件记载背后隐藏的历史真相。

本书能够以如今的完成度出版，有赖于许多人的指导与协助，我想借此机会表示感谢。

首先，必须提及的是我的博士生导师佐竹靖彦教授。在东京都立大学攻读博士的 5 年间，我每年都有几次做报告的机会，每每都能得到佐竹老师的恰当建议。从佐竹老师的建议中，我学习到了捕捉问题的方法、论证观点的方法、论文写作的方法等。因此，本书正是在佐竹老师的指导与鞭策下完成的。

其次，虽然与本书写作不直接相关，但我仍想提及我和我的硕士生导师太田幸男老师（东京学艺大学教授）参加的“《吕氏春秋》研究会”。在研究会上，我接触到了多田狷介老师（日本女子大学教授）、土屋纪义老师（日本国立国会图书馆图书管理员）和饭尾秀幸老师（专修大学教授）等中国史专家。通过研究会及之后的聚会，我不仅从老师们的讨论中得到了许多启示，还得以近距离看到老师们是如何精心推敲史料的。通过多次参加“《吕氏春秋》研究会”，我收获了许多知识。

本书的结论与迄今为止日本史学界的普遍说法有很多不同之处。对于这样的研究结果是否能够被日本的中国史学界研究者认可，我惴惴不安。不过在本书的出版过程中，九州大学出版社委托的两位匿名审稿专家都对我的研究做出了积极评价，让我大大松了一口气。同时，他们也为本书提出了很多建设性建议，在提升本书的研究水平上贡献巨大。

在本书出版的过程中，东京都立大学时代的同学石坪满先生给予了我很多帮助。石坪先生原本是我博士时代的伴读[①]，从那时起就

---

① 日本大学针对外国留学生的辅导制度，伴读主要帮助留学生学习日语、熟悉日本社会环境。——译注

一直对我关照有加。此次拙著出版之际，石坪先生不仅仔细修改了我拙劣的日文文稿，使之容易阅读，而且对史实与论述等内容提出了许多宝贵的意见与建议。进入校对阶段后，石坪先生尽管很忙，但还是多次阅读了拙稿。正是在石坪先生的努力下，本书才能够以现在的样子出版。当然，本书存在的所有问题，自然由身为作者的我完全负责。

此外，本书的出版承蒙九州大学出版社的永山俊二先生的关照。从出版协商时的真挚回应，到对内容的建议、封面设计、副书名的确定等，方方面面都承蒙永山俊二先生的极大帮助。

本书的出版得到了立命馆大学中文部会学术图书出版的资助，在此我深表谢意。

最后，我想感谢我的家人。父母多年来一直在远方守护与关注着我的日本留学生涯，丈夫、女儿全力支持我的学业与工作。正是因为家人们的理解与协助，本书才得以完成。

一直以来，已故去的母亲是最关心我、最期待我学业有成的人。我想把这本书献给她。

郭茵

2014 年 2 月于京都

译后记

2022年的夏天，我的女儿刚刚出生。初为人父的我手忙脚乱，每天都要翻看北京科学技术出版社译介的《美国儿科学会育儿百科》。因此，当编辑邀请我翻译本书时，抱着对北科社的敬意与感激，我几乎没有犹豫就答应了这项工作。

当然，愿意翻译本书的缘由不止于此。虽然我的研究方向是六朝史，但幼年时读白话本《资治通鉴》，最为喜爱、再三翻看的却是汉兴至武帝这一段的历史。工作以后，由于承担“中国古代史（上）”“秦汉史研究”等课程，每年都要讲授张家山汉简中的《二年律令》。《二年律令》中的“二年”即吕太后二年（前186年）。因此，对吕太后及其时代，我不仅一点儿也不陌生，而且抱有不小的兴趣。

西汉初年，旧传统余晖尚存，新体制还未完全确立，人们行事直来直去、古朴快意。吕太后在位期间“政不出房户，天下晏然。刑罚罕用，罪人是希。民务稼穑，衣食滋殖”，那是个大家相信生活一天会比一天好的时代。对我而言，翻译本书，让思绪回到那个意气风发而又景气初见的汉初，是一次非常珍贵的体验。

因习惯在晚上工作，本书的翻译几乎都是在夜间完成的。每每望着漆黑一片的窗外，我都会想起电影《王的盛宴》中那幽深昏暗的未央宫，吕雉与刘邦在微弱烛光下窃窃私语的场景。

最后，感谢编辑老师热情、专业、周到的编辑工作，感谢为本书撰写推荐语的诸位师长，感谢辛苦制图、校对译文的韩悦芳、吴龙杰、陈璟宣诸位同学。当然，还要感谢本书的第二译者赵壮同志，在翻译过程中，她承担了许多重要工作。

陆帅

2023 年 6 月于姑苏胥门外